# はじまりは一軒のレストラン

## ピエトロ成功物語

株式会社ピエトロ代表取締役社長
村田邦彦

毎日新聞出版

# introduzione　創業35周年を迎えて、いま思うこと

スパゲティ専門店「洋麺屋ピエトロ」は、1980年12月9日火曜日、午前11時にオープンしました。場所は福岡市天神にある小さな軽量鉄骨の建物の2階です。細長いつくりの26坪の店内に、カウンターとテーブル合わせて36席をご用意。厨房にはオーナーシェフである私と、ほかに料理人が2名。ホールスタッフはアルバイトを含め3名。飲食店経験が豊富とはいえないこの6名のスタッフで、ピエトロの物語は幕を開けました。

日本にイタリアンブームがやってくるより10年ほど前のことです。スパゲティといえばミートソースとケチャップで味をつけたナポリタンが主流であり、九州には茹でたてのアルデンテを提供する店などありませんでした。

「せっかちな博多の人間が、10分も麺の茹で上がるのを待つかい」

「九州でスパゲティの店なんか出しても流行らんぞ」

そう周囲から反対され、開店資金も足りなければ、人手もなかなか集まらず。あったのはただ、自分が「おいしい」と信じた味を、たくさんの人に食べてほしいという想いだけでした。

お客さんが少ないときも、忙しいときも。昨日よりも今日、今日よりも明日が良くなると信

じて新しいことに挑み続け、気づけば35年が過ぎていました。

現在ピエトロのレストラン店舗は、九州を中心に直営が25店、フランチャイズが21店。そして代名詞にもなっているオリジナルドレッシングは、国内外で年間約2000万本が販売されています。

開店当初39歳だった私は、この7月に74歳になりました。毎日出社して社長業務を行うかたわら、陶芸や書、絵画、ゴルフ、楽器演奏、野菜づくりといった趣味にも力を注ぐ日々です。10年ほど前に地元の若手起業家を支援する「福岡市創業者応援団」の会長に任命されてからは、次世代のビジネスのあり方について考える機会も増えました。

じつは私は、自分の話をするのが得意なほうではありません。けれども今回、信頼するビジネスパートナーから「創業35周年を機に、これまでの軌跡をまとめてみてはどうか」と勧められたこともあり、ピエトロの成長を支えてくれた多くの出会いと学びについて、記しておきたいと考えるようになりました。

そもそも39歳で「洋麵屋ピエトロ」をはじめるまで何をしていたかといいますと、とくに大きな目標もないまま福岡大学商学部に進学し、卒業後はいくつかの飲食店で修業しながら父親の経営するカレー専門店で働きました。のちに父から別の店を任されるものの、経営はまったくうまくいかず、大きな負債を抱えて4年でたたむことに。

「飲食店はもういいや」

すっかり懲りて、その後の約10年は飲食と関係のないサラリーマン生活を送っていました。

そんな私が、なぜ「洋麺屋ピエトロ」を立ち上げようと思ったのか。そして、小さなスパゲティ専門店でつくっていたオリジナルドレッシングが、なぜ全国へ展開していったのか。

自分でふりかえってみても、予想外の展開ばかり。あっちにぶつかりこっちにぶつかり、そのたび方向転換をして、うまくいったこともあれば、何度も失敗して、後悔したことも何度もあります。

ただ、そうした回り道での学びがあったからこそ、明日つぶれるかと毎日ヒヤヒヤしていたピエトロが、こうして創業35周年を迎えることができたのではないかとも思うのです。

この本には、そんな私の経験や学びをできるだけ盛り込むようにしました。

目次をごらんになって、気になる言葉があったらぜひページをめくってみてください。

私が歩んできた半生の軌跡が、これからの社会を担うみなさんの何らかのヒントになるとしたら、こんなに嬉しいことはありません。

株式会社ピエトロ 代表取締役社長

村田邦彦

# menu

introduzione　創業35周年を迎えて、いま思うこと —— 1

第1章　*capitolo 1*　中洲の教え —— 17

ふりかえれば、すべての出来事がいまにつながっている——。
その道のりの原点には、博多商人であった父親の教えがあります。
古い話になりますが、しばし昔話におつきあいください。

父は中洲の商売人　18
「商売人は質草になるものを持っておけ」　20
「目先の利益で取引先を変えないこと」　23
「人生の債務者になるべからず」　25

「人と同じことはするな」 26
目標がないまま、家業のカレー専門店へ 29
修業時代 ゼロからつくり出すことを学ぶ 31
「レストランむら田」の失敗 33

## 第2章 *capitolo 2*

## ピエトロ創業前夜 37

父親に経営を任された「レストランむら田」が大失敗に終わり、職人の気難しさにも飲食店経営にも辟易した私は、畑違いのサラリーマン生活を送ることを決意します。しかしそこには、経営のヒントがたくさんありました。

サラリーマン生活で学んだこと 38
「ひとり新規事業部」で、数字に細かくなる 40
趣味のゴルフで広がる人脈 42
「壁の穴」スパゲティとの出会い 43

フランチャイズか、オリジナルか　45
伊勢海老で友人を釣る試食会　48
カネがないなら、知恵を出せ　50
「ピエトロ」は、イタリアの「太郎さん」　52
「おいしい」は総合点　54
問題児だらけの創業メンバー　56
おもてなしのイメージは「家にたいせつな友人が来たときのように」　59

# 第3章 *capitolo 3*

## 洋麺屋ピエトロ、開店――61

ついにやってきた開店当日。

オーナーである私は資金繰りのために銀行に面接に行っていて、その場に立ち会うことができませんでした。

しかもお客さんが来ない……。

最初の1年は毎日、「明日つぶれるのでは」と不安でサラリーマン生活を続けていたのです。

マスターではなく、社長と呼んでほしい　62
「月商300万いったら逆立ちしてあげますよ」　64
波乱含みのオープン当日　65
父親との突然の別れ　68
1年間は、サラリーマンと二足のわらじ　70
注文が無料コーヒーだけだった日　72
ロッテリアフランチャイズの失敗で四面楚歌に　74
目の前のひとりひとりに心を尽くすしかない　76
「上に立つ者ほど、言葉遣いをていねいに」　78
功労者には利益を還元する　79

# 第4章

*capitolo 4*

## おすそわけから、全国へ――83

いまやピエトロの代名詞となっている、オリジナルドレッシング。
サラダにかけていた生タイプドレッシングは、
ワインの空き瓶に入れた「おすそわけ」がはじまりでした。

工場生産となり、国内外で売られるようになっても、
つくり方は創業当時のままなんですよ。

麺を茹でる間に出したサラダドレッシング　84
「野菜嫌いの子どもが野菜を食べるから、わけてください」　86
ドレッシングがひとり歩きをはじめた　87
作業テーブルをひっくり返した日　89
ドレッシングで事業を展開する　91
「商いは主導権を握らんといかん」　93
「自腹を切って、自分で持っていくから伝わるんだ」　95
爆発的ヒットのきっかけとなった、はじめてのテレビ出演　98
ついに専門のドレッシング工場を竣工　100
ピエトロの工場は大きな厨房　101
「味を変えないようにおいしくする」　103
「おまえんとこのドレッシングは、味がせん!」　105
クレームは関係を深めるチャンス　107

# 第5章 *capitolo 5*

# ピエトロ流ブランディング

ドレッシングがひとり歩きをはじめるなか、レストランも2店目、3店目、そして、フランチャイズと広がっていきます。バブル景気の追い風もあって、勢いづくピエトロ。大量生産に移行するなかで「らしさ」をキープできたのは、〝ピエトロスピリッツ〟を何よりたいせつにしていたからです。


「2」が大事 112
すべての店舗をスペシャリティストアに 114
30軒の親戚をつくろう 116
フランチャイジーに必要な覚悟 118
よかトピアで泥船が木の船に 121
好調なときほど体勢を立て直す 124
コピー商品対策で、量販店でも販売をスタート 126
「利き腕をしばって」ブランド力をキープする 129
全国ＣＭ効果で、ドレッシング生産量１７００万本に 131

公正取引委員会の立入検査 133
川下の発想をたいせつに 136

# 第6章 *capitolo6*

## (私のピエトロ、から) みんなのピエトロ、へ — 139

創業10周年から20周年にかけて、思いもよらない急成長を遂げたピエトロ。東証二部上場、資本業務提携と、30周年へ向けてさらなる飛躍を目指します。けれども創業者の胸の内は、明るいばかりではありませんでした。

創業の地・天神に新社屋完成 140
株式公開、そして東証二部上場へ 142
人生で一番緊張した第1回株主総会 145
出店は自分の足で街を歩いて決める 147
躍進と、友の裏切り 149
幻となった「ピエトロワールドーN能古島」 151
のこベジファーム&のこのこファーム 154

日清オイリオグループと資本業務提携　156
茶碗３００、湯呑み５００　158
「村田塾」　160
創業30周年イベント開催　163

# 第7章 *capitolo 7*

## そして２００億円企業へ　167

創業30周年を迎え、さらに新しいステージへ。

首都圏でのシェア拡大、そして海外展開の強化を図り、売上２００億企業を目指します。

変わらないために変わり続ける、ピエトロの新しい挑戦がはじまります。

有楽町にアンテナショップをオープン　168
新卒入社の人材を育てていく　170
今日より明日　172
目指すは２００億企業　175
パスタの縁で、ミラノ個展を開催　177

創業35周年記念事業「野菜嫌いをナオソ。」 180
恩は送っていくもの 183
誇りを持って働ける企業であってほしい 186

**epilogo** 仕事も遊びも一生懸命 ―― 189

装幀　森下裕治

# はじまりは一軒のレストラン

## ピエトロ成功物語

# 第1章

*capitolo 1*

# 中洲の教え

ふりかえれば、すべての出来事がいまにつながっている――。
その道のりの原点には、博多商人であった父親の教えがあります。
昭和初期の古い話になりますが、しばしば昔話におつきあいください。

## 父は中洲の商売人

戦時下の昭和16年（1941年）7月10日。私は福岡市中洲のどまんなかである、人形小路で生まれました。

東中洲は明治から昭和初期にかけて、九州きっての繁華街として発展した土地です。空襲で全焼する前は、電力、通信などの大企業や病院をはじめ、百貨店、映画館、劇場やカフェが軒を連ね、文学者などの文化人にも愛される賑やかな場所だったとか。

そんな東中洲で、私の父もまたカフェを経営していました。女給さんがテーブルについてお酒をサービスする、いまでいうクラブのような社交場だったそうです。

父は長崎の農家出身でした。6人兄弟の末子だったため家を継ぐ予定もなく、若くして家を出ることになります。「男が家を出る以上、親の世話になるわけにいかんたい。パンツ以外は全部家に返して旅に出た」というのが、子どものころから何度も聞いた自慢話。

なにしろ明治生まれの九州男ですから、血気盛んな気性のままに、当時日本の統治下にあった満州や、いっときは台湾にも渡って、各地で新聞記者や鉄道会社の機械工など様々な職を経験したといいます。

ところがあるとき利き手に怪我をしてしまい、それまでのように仕事ができなくなってしまうのですね。仕方なく帰国し、長崎には戻らず実姉を頼って博多へやってきた。そこで縁あって一緒になったのが、同じく長崎の出身であった私の母親です。

ひとりっ子の私が生まれたとき、父は44歳、母は37歳。友だちの両親よりはかなり年が上でしたから、思春期のころは少し反発もありました。近頃ではまったく珍しくもないでしょうが、なにしろ戦後すぐの話です。

そういったことも関係したのか、あるいは時代のせいか、母はとても控えめで、決して社交的なタイプではありませんでした。たとえば父が「旅行に行こう」と誘っても、「着る服がない」「同じ服を着ていくのはイヤ」などと言って、表に出たがらないのです。

娘時代に比較的裕福な家庭で育ったらしく、いまでいうと教育ママのような資質もありました。思い返せば子どものころ、スケッチ教室やら運動教室やら、いろいろな習い事をさせられていましたね。

学校が終わって帰れば、おやつにカルメ焼きをつくって待っている。そうするとランドセルを放り投げて遊びに行くわけにもいきません。うるさく感じたこともありますが、どんなときも絶対に味方になってくれる、私が失敗したときは代わりに父親に謝ってくれるような母でした。

父は非常に厳しかったです。友だちとけんかして泣いて帰ってきたら「男が負けて泣くとは何事か！」と、外の電信柱に縄でくくりつけられましたし、門限に1分でも遅れたら家を閉めだされました。

私をかばった母親の頭をそろばんでカーンと叩き、そろばんがこわれて珠がバラバラに散らばった光景は、いまでもよく覚えています。

褒められた記憶はほとんどありません。

それでも、商売人として教わったいくつかの教訓は、いまでもこの身に染み込んでいるように思います。

## 「商売人は質草になるものを持っておけ」

たとえば「商売人は質草になるものを持っておけ」。風向きの良いときは良いけれど、悪いときは悪いのが商売というもの。いざというとき、現金がなくなったときに換金できる価値の高いもの、一流のものを身につけろ、という教えです。

実際、父の商売は七転び八起きでした。

私が3、4歳のころに空襲があり、東中洲は全焼します。

終戦後、父は地元の通産局から委託を受けて社員食堂をはじめました。それまで経営していたカフェは、私の教育上好ましくないという理由からたたんでいました。代わりに開いたのが、うどん、ラーメンや丼を置いているような、昔ながらの食堂というわけです。

その食堂での手伝いが、言ってみれば私のはじめての飲食業経験でした。手伝いといっても、小遣い目当ての皿洗い程度ではありますが、それでも小学校高学年になるころには、忙しい時間帯は手伝うのが当たり前になっていました。ひとりっ子である私にとって、働いている料理人やウェイトレスさんが兄・姉代わりの存在でもありました。大人のなかで育った分、マセたところがあったかもしれませんね。

しかしただでさえ戦後の混乱期ですから、自営業で安定した収入など見込めるはずもなく、生活レベルの上下がそれは激しかったものです。

うまくいっているときはお手伝いさんがふたりいて、近所のひとたちが窓から調度品を覗きに来るような生活でした。ところが商売が傾き出すと、家具がひとつひとつ姿を消していく。カルメ焼きを焼いていた母も別の職場に働きに出るようになり、遅くまで誰も帰ってこない生活でした。

そうそう、小学校にあがってしばらくしたころ、留守番の多さを見かねた父親に「近所のお姉さんに、夕方遊びに来てもらおうか?」と尋ねられたことがあります。男たるもの、「寂しい」などと格好悪いことは言いたくない。「遊び相手はいらん。イヌが欲しい」と返事をして、ポインターの雑種の子犬を買ってもらいました。夜はいつも、このメリーちゃんと留守番をしていました。

経済状況によっては家の大きさ自体も変わりました。小学校の学区内だったので転校はしませんでしたが、少なくとも5回は引越を経験したと思います。

「質草になるような一流品を身につけろ」という教訓は、このような「いざというとき」への危機意識が強かった父の経験則でもあったのでしょう。

ちなみに、そういう考えの父親ですから、一緒に買い物に行けば、洋服でも文具でも、その店の一番良いものを買ってくれました。

高校の学生服も、同じデザインを生地から仕立てていたそうです。当時の自分はそんなことに無頓着だったので、クラスメイトの女子に「生地がぜんぜん違うとる！」と言われ、はじめて知ったのですが。

「商売人は良いものを身につけなければならない」

この感覚は、いまも私のベースにあるように思います。

もちろん虚栄もありますし、高価なものがすべて良いわけではないこともわかっています。しかし一流とされるものには、それなりの理由があります。価格にふさわしい価値があるから、売れるのです。

この考え方は、のちほどお話しする「ピエトロドレッシングを値引きしない理由」にも通じています。

## 「目先の利益で取引先を変えないこと」

父の仕事が安定したのは、私が高校生のころでした。

当時、中洲で人気のあった「湖月」というカレー専門店の支店を、いまでいうフランチャイズのかたちで任されるようになったのです。

ところがフランチャイズ契約にのっとって経営するには、本店からカレールウを仕入れなければなりません。毎日ウェイトレスが鍋を持って博多駅から中洲までを市電で往復しなければならず、しかもそのルウの価格が高い。それでは売上はあってもなかなか収益があがりません。

そこで父は契約満了後、独立して自分の店でルウを仕込む道を選び、名前も「草月」と改めてリニューアルすることにしたのです。

このころから父は、取引業者への集金や支払いに、私を連れて行くようになりました。

よく覚えているのが、商売がうまくまわらず、業者さんに支払いを待ってもらうお願いをしたときのこと。父が理由と返済計画を説明し、支払いの先延ばしを頼むと、どの業者さんも「村田さんがそう言うなら」と承諾してくれるのです。私はよく意味がわからないままに側で話し合いを聞いていたのですが、帰り道、父は繰り返し言いました。

「日ごろちゃんと義理を果たしとったから、こういうときに助けてもらえるんよ」

「長い時間をかけてつくられた信頼関係は何物にも代えがたいものたい。もし5円、10円安くしますと別の業者がやってきても、目先の利益で鞍替えしてはつまらん」

昔の商売人ですから、とかく人間関係、義理や人情は大切にしていました。

取引先は信頼関係でつながるパートナーであって、カネを払うほうが偉いという勘違いをしてはいけない――。

この教えも、ピエトロを創業してからいままで、ずっと守っているつもりです。

たとえば、いまたまねぎを卸してくれているのは、ピエトロドレッシングをアパートの一室でつくっていたころからつきあいのある八百屋さんです。現在は年間約1000トンのたまねぎを使いますが、一緒に成長してきた仲間として、家族ぐるみのおつきあいをしています。

もちろん商売ですから、場合によっては、変えていかざるをえない部分もあります。そういうときは、たとえば別の取引で補填する、というふうに、相手が損にならないような方法を考えなければいけません。

「自分だけ儲かるのはいかんよ。みんなで儲からんと、商売は続かない」

息子からすると口数少なく、おっかないオヤジでしたが、商売人としては誠実な男だったのではないかと、ときどき思い返します。

## 「人生の債務者になるべからず」

そして、できるだけ借りはつくらないこと。借りをつくったなら、少しでも早く返すようにすること。特に金銭と時間に関しては、つねに前倒しで考えなければならない。

このことも何度も聞かされました。

たとえば銀行に借り入れをしていて、その返済日が毎月20日だとします。20日が日曜に当たる月は、銀行が開いていないのだから翌月曜日の朝でもいいだろう、と考える人もいるでしょう。

父はそれを絶対にしませんでした。

20日が開いとらんなら、19日に払う。小さなことですが、その積み重ねが信用になるのだと言っていましたね。

約束の門限に1分遅れて電信柱にくくられたように、遅刻は論外です。

また、借りをつくらないコツとして「分相応をわきまえることが大事」ともよく言っていました。自分の実力以上のことをしようとすると、金や時間が足りなくなる。だからできるだけ自前で、他所《よそ》様の力を借りない範囲でものごとを考えなければならないのだと。

ですから一流のものにこだわる一方で、無駄使いは許されませんでした。

金でたくさん苦労したということもあるのでしょう、むしろふだんはかなりの節約家だったと思います。居間でテレビを見ているとき、CMの間にトイレに行って戻ってくると、電気代がもったいないからといってテレビも居間の電気も消されているほど。店を手伝っているときも皿洗いの水を少しでも流しっぱなしにしたらうるさいのなんの。しょっちゅう「便所紙一枚でも自分の金で買うてみぃ！」と叱られました。

当時は「このケチが！」と苦々しく思っていました。しかし実際に自分がピエトロをはじめて、その意味がよくわかるようになるのです。

## 「人と同じことはするな」

「分相応、分相応」とうるさい父親でしたが、私が福岡大学に入学してしばらくして「自動車が欲しい」と言ったとき、学生にはまさに身分不相応な高級車であったにもかかわらず、意外とすんなり買ってくれました。

余談になりますが、私が福岡大学商学部に進んだ経緯も少しお話ししておきましょう。学生時代の私はスポーツが得意で、高校ではじめた走り高跳びで学生ランキングの上位記録を持っていました。陸上部の顧問の先生が、練習の終わりに買ってくれるパンがおいしくて、それを目当てに練習に励んでいたように思います。焼いたトーストにさっとバターを塗っただけのものですが、おいしいものには当時から目がなかったことがわかりますね。

ただなまじ記録を出してしまい、期待した顧問から「もっと真剣にやれ、坊主になれ」と言われるようになると、一気に面倒くさくなってしまいました。

私が高校生の当時は、石原裕次郎の映画『太陽の季節』が爆発的にヒットしたころです。私も御多分にもれず「太陽族」に影響を受け、無口でクールな硬派を気取っていましたから、陸上のために坊主になるなどありえません。

そうして陸上を中断し、次に「ジャンプするのは一緒やろ」と誘われてはじめたバスケットボールで、早稲田大学と立命館大学から推薦入学の話をいただきました。からだが大きく丈夫だったので、スポーツは得意だったんです。

当時は小さなカレー屋である「草月」を継ぐ気はなく、かといってほかに将来やりたいことも、大学進学の熱意もさほどなく。

東京は遠いけれど京都ならいいか、と立命館大学への進学を決めたのですが、その直後に、父親が高血圧で入院するという事件が起きたのです。

私はひとりっ子ですし、先にお話ししたように両親とも高齢です。当時はいまのように交通機関も発達していませんでしたから、京都にいたら、何かあったときにすぐに博多へ戻ることもできない。

考えた結果、地元にとどまり、福岡大学商学部へ進学することにしました。

そんな適当な進学理由ですから、大学時代は遊んでばかりでした。水泳部に入ってみたり、ゴルフをはじめて夢中になったり。

そうした趣味のひとつが自動車です。

そのころはいい自動車に乗るのが、一人前の男の条件のようなところがありました。男たるもの、18になったら免許をとって、ドライブしたい。しかも良いものを選べと育てられてしまったのですから、自動車だって一流がいい。

そうして18歳で免許をとり、最初に欲しいと思った自動車は日産のグロリアでした。当時の価格で127万5000円。大卒の初任給が2万円弱のころですから、地方であれば家が一軒買える値段です。

反対されるのは想定内。いざとなったら喧嘩して家を飛び出そうというところまで計画を立てて、父親に相談しました。

当初は予定通り「何を生意気な」「もっと小さい車にせい」と散々言われました。黙っていると「人が持っとうけん、欲しかとか」と聞いてきました。逆です。グロリアに乗っている友人などいませんから、「みんなが持たんけん、欲しいったい」と正直に答えた。すると「じゃあ買え」と、あっさり許可が出てしまったのです。考えていた筋書きと違うので、むしろおろおろしてしまいました。

ただし条件があり、「大学には決して乗って行かないこと」を約束させられましたが。

このように「人と同じことをするのはつまらん。するなら人がやらないことをせい」というのも、思えば父の口癖でした。

## 目標がないまま、家業のカレー専門店へ

大学を卒業後、私は就職せずに「草月」の手伝いをすることにしました。

「草月」は私が大学4年のとき、博多駅移転の影響から、現在のJR博多駅地下街に移って営業することになりました。

10坪程度の狭い店ではありますが、九州最大のターミナル駅に店を構えることができたのは、父の並々ならぬ努力があったからでしょう。様々な商売を経験し、貧乏のどん底も味わった父が、60代半ばにして構えた店。以前の店舗はかつてのフランチャイズ元「湖月」の支店を借りた形式でしたから、この新しい博多駅での店こそ、父がすべて自分で選んで決めた、名実ともに自分の城といえるものでした。

それまでの私は、家業を継ぐ気はまるでありませんでした。かといって特別やりたいことがあるわけでもなく、親戚のコネで鉄道会社かガス会社への就職を勧められたものの、どちらも興味がわかず。それなら、おやじの夢を継ぐ道を選んだほうがいいかもしれないなあ、と漠然と考えたのが、進路決定の正直なところです。

とはいうものの、そのまますぐに跡取りとして店に入ったわけではありません。私は多少厨房の手伝いをした程度で正式に料理を習ったことはありませんでしたし、父としても、大学卒業したての息子が突然若大将として入ってきたら従業員も息が詰まるだろう、と考えたようです。卒業してからしばらくの間は、「草月」を手伝いながら、福岡・長崎のホテルやレストランでスポット的に料理を勉強させてもらうことになりました。

また私としては、この先ずっとカレーだけでやっていくより、いずれはバラエティに富んだメニュー展開をする必要もあるのではないかという思いもありました。「草月」はカレー専門店として常連さんがついていましたし、新規のお客さんもひとりでふらっと入ってきやすいのですが、家族連れなどは「草月」の隣にある、幅広いメニューを揃えた洋食店に入っていくことも多かったからです。

いまでこそ日本にはイタリアン、フレンチ、中華など様々な専門店がありますが、当時はレストランといっても、洋食屋だけどうどんも置いているというような、いまよりもずっとカジュアルな店がほとんどでした。

そのなかで別格だったのが、婚礼や宴会を担う大きなホテルです。父の人脈でいくつかの厨房を紹介してもらい、見習いとしてスポット的に入れてもらいました。宴会の日に1日だけ入ったところもあれば、続けて半年ほど通ったところもあります。すべて合わせてもおよそ2年程度の経験ではありましたが、この修業経験で、料理に関して非常に多くのことを学びました。

## 修業時代　ゼロからつくり出すことを学ぶ

職人の世界はシビアです。厨房で「これはどうやってつくるんですか」と聞いて、親切にレシピを教えてくれる先輩など存在しません。

皿を下げる際に残ったソースを舐めたり、あるいは熱い鍋を運ぶときにこっそり指をつっこんで、やけどしながらその味を覚えたり。そうしてあたりをつけておき、先輩の機嫌の良さそうなときを狙って、「あれは、○○○が入っているんですかね？」とさりげなく聞くと、うまくいけば「おお、よくわかったな、あれはな……」と情報を引き出せるという寸法です。

ほんとうにモノのない時代でした。カレーひとつを考えても、いまなら選り取り見取りの市販のルウを買ってきて、肉や野菜を入れて煮込めば誰でも簡単につくれますよね。しかし当時はまずカレー粉を炒めるところからのスタートですし、絶対に正解というレシピもありません。すべて自分の五感で確かめながら、味をつくっていく必要があります。

業務用の冷蔵庫だって普及していませんでした。氷をしきつめた箱が冷蔵庫代わりですから、夏はソースがすぐに腐ります。傷んだ食材の見極めを学ぶため、あきらかにすえた臭いのする腐敗したものを食べることも勉強のうちでした。

さらに当時のコックは月給でも時給でもなく、1日働いていくらの日払い制がほとんどです。

朝早くから現場に入り、深夜まで働くのが当たり前。そのなかで先輩にうかつな質問をすれば「賄いを食わしてもらって、さらに仕事を教えてもらおうなんて虫のいいこと考えるな」と殴られますし、体調不良で「休みが欲しい」とでも言おうものなら「明日から来なくていいぞ」と、二度と相手にしてもらえません。

洗剤もいまのように肌にやさしいものはなく、手はつねに荒れていて、水に触れるだけでも切れるように痛いんです。「手にやさしい洗剤」というようなコマーシャルを見るたびに、いまだに「いい時代だなあ」と思いますよ。

しかし何より堪えたのは、人間関係です。

その当時、私のほかに四大卒のコックはいませんでした。同期はもちろんのこと、先輩もほぼ中卒で年下です。学生時代のほとんどを体育会系で過ごした私にとって、1歳でも年齢が上の先輩は絶対服従の対象であり、神様のような存在でした。それが中学を出たばかりの年下の子に「おい、ちょっと」「そこのあんた」などと言われたら、いい気分はしません。しかも当時の職人の世界では、口より先に手が出る、つまり怒鳴られる前に殴られるんですね。私も大学を出てすぐの若造です。もともとわがまま育ちで短気ですから、白状しますと、殴り返してクビになったこともあります。

ただそれに関しては、自分にもかなり反省点があります。あとでまたお話をさせてもらいますが、ピエトロ創業当時は私も職人気質丸出しで、それはもう、口も手も足も出ていました。

いまでも外食先のオープンキッチンで、親方が若い料理人を怒鳴っているような現場に居合わせると、かつての自分を思い出して複雑な気持ちになりますね。

そんなこんなの修行時代を経て、やがて私はオーナーとして、人生の大きな転機となる「レストランむら田」を開業することになります。

## 「レストランむら田」の失敗

父親の経営する「草月」で働きながら、様々なホテルやレストランでも修業をさせてもらい、およそ2年が過ぎたころでした。店の片付けをしていた父が、「新しく店を出そうと思う。おまえ、やってみるか」と言い出したのです。

場所は中央区舞鶴。いまのように開けていたわけでなく、人通りもまだ多くはなく。場所としては正直、難しいのではないかという危惧が頭をよぎりましたが、父の用意してくれた場所で修業の成果を発揮できるならそれも悪くないだろうと、このときの私は比較的安易に頷きました。

父は「草月」の看板にはこだわっていなかったので、店の名前はシンプルに「レストランむら田」としました。カレーの店ではなく、自分がホテルで学んできた正統派の洋食を出すレストランをイメージ。私はあくまでもオーナーの立場で、実際の調理は父のツテで紹介してもらった料理長と、そのブレーンたちに任せました。

しかし当時の私は、ちょっと外で勉強しただけで料理を知った気になっていて、講釈ばかりたれていたんですね。

昔の職人は、実力のないオーナーの言うことなど聞きません。そして私も、経験がないくせに口うるさい。いくら父の紹介だったとはいえ、腹に据えかねたのでしょう、最初の料理長はすぐに辞めてしまいました。

ふたり目の料理長は、もしかすると私の人生のなかで、料理の一番の師匠だったかもしれません。

やはり父のツテで紹介してもらった非常に腕のいいコックで、私がちょっと講釈をたれても、それ以上に口うるさい。ところがうるさいだけでなく腕前も一流ですから、私もそれ以上は言えない。ある意味、力関係に良いバランスが保たれていたのだと思います。

彼は生粋の職人肌でした。パイ生地の仕上げをするときなど、鶴の恩返しのごとくスタッフ全員を厨房から追い出して、私にもその工程は見せてくれません。そうやって彼がつくったパイ生地だけは、オーブンのなかでぶわーっと見事に、ほかの生地の何倍も大きく膨らむのです。その「仕上げの秘密」は謎のベールに包まれたまま、いまだにわかりません。

それだけこだわりのある腕のいい料理人ですから、結局、1年ちょっとで別のホテルに引き抜かれてしまいました。しかし彼がいなければ「レストランむら田」はもっと短命だったでしょうし、私の料理の感覚も違っていたと思います。いまでも感謝しています。

なお、のちに私が「洋麺屋ピエトロ」を開店したとき、彼は順調に出世をして、九州電力の保養所で料理長をしていました。スタッフやゴルフ仲間を連れて遊びに行くと「若大将がまた店をやってくれて嬉しい」と喜んでくれて、こちらこそ感慨深いものがありましたね。

それだけ腕の良い料理人を揃えていましたから、味には自信がありました。しかし「むら田」の経営は、なかなか軌道に乗るところまで行かず。結局、オープンから5年を待たずに看板を下ろすことになります。

最後の1年はやる気も失っていて、料理人も雇わずに自分が厨房に入っていました。たかだか数年の経験ではお客さんを飽きさせないような工夫もできず、さらにうまくいかない苛立ちを紛らわすため、毎晩中洲の灯りが消えるまで飲み歩く日々。このとき店の売上金を自分の小遣いのように使ったうえに借金もこさえましたから、最悪のオーナーシェフですね。

あとから聞いた話ですが、どうやら開店当初から「遊び人の村田のぼっちゃんが店を出すらしい。まあうまくいくわけなか」と噂をされていたそうです。悔しいけれど言い返すことができません。

放蕩息子の怠慢経営の結果、店を閉めたあとに残った2000万円の借金は、父親に頭を下げ、自宅を売却してもらって返さねばなりませんでした。最後にひとりで店のカギを閉めたときに響いた、ガチャリという音を思い返すと、いまも無力感と悔しさを思い出します。

しかしこのときの私はまだ、ほんとうの飲食店経営の大変さをわかっていたわけではありませんでした。自分の怠慢を棚に上げ、立地の悪さや、そりの合わなかった従業員のせいにしていた部分もかなりありました。

そして悔し紛れに「二度と飲食業はやるもんか」と、真剣に思っていたのです。

「レストランむら田」を閉めたのが29歳のとき。その後「草月」に戻るわけでもなく、私は約11年間、畑違いのサラリーマン生活を送ることになります。

# 第2章 *capitolo2*

# ピエトロ創業前夜

父親に経営を任された「レストランむら田」が大失敗に終わり、
職人の気難しさにも飲食店経営にも辟易した私は、
畑違いのサラリーマン生活を送ることを決意します。
しかしそこには、経営のヒントがたくさんありました。

## サラリーマン生活で学んだこと

「レストランむら田」を閉め、私が人生のなかで最初に就職したのは、三岩商事というコンピューター関連企業でした。東京に本社があり、おもに富士通のディーラーとして海外でもビジネスを展開している会社です。この三岩商事に勤めていた高校の先輩が、「レストランむら田」の顚末を聞きつけ、「うちの会社で、海外で飲食チェーンを出す新規事業計画がある。おまえは料理に覚えもあるし、ちょうどいいからやってみたらどうだ」と声をかけてくれたのがきっかけでした。

飲食業は気乗りがしませんでしたが、だからといって、ほかにすることもありません。「レストランむら田」の失敗で父と散々けんかをして、仕事もなく、家にいても所在がなく。借金返済の手続きに追われ、金もない。唯一の慰めは、福岡から陸続きで行ける志賀島の高台まで車を走らせ、駄菓子屋で買った棒アイスを食べながら、海に沈んでいく夕日を眺めることくらいです。

それに地元では誰もが「むら田」の失敗を知っています。そんな日々を過ごすだけなら、ほとぼりが覚めるまで福岡を離れるのも悪くはないかもしれない、と考えました。

ところが就職が決まったものの、海外での飲食チェーン展開の話はたち消えとなり、結局、私は福岡事務所のハウジング事業部に属することになります。それが31歳になったばかりのころ。それからは、本業であるコンピューター関連の営業にはじまり、建築関係の現場監督、そして、外資系保険業の代理店業務なども経験しました。

この保険営業は大変でしたね。厨房で親方に殴られたり蹴られたりとはまったく別の、精神的にけちょんけちょんにされる経験をいやというほど味わいました。ただ、部下をつけてもらっているので無責任に辞めるわけにもいかない。忍耐力はかなり身についたと思います。

なおここで学んだのは、どんな人間にも必ずいいところがある、そのいいところを発見しようということでした。当たり前のようですが、こちらが苦手意識を持てば、相手にも伝わるということを肌で知ったものです。逆に色めがねは外してオープンに接すれば、意外な共通点が見つかって仲良くなれることもある。別に無理やりに仲良くすることはないのですが、一緒にいて苦痛ではないレベルに持っていかなければ、円滑な仕事はできません。

そうやって畑違いの営業生活もそれなりに楽しんでいたある日、会社の方針で保険業務が縮小され、部下ふたりがリストラ対象になってしまいます。私は30代前半にしてはそこそこの給料をもらっていましたし、借金を返し終わって、少しですが蓄えもできていました。そこで「私の給料を減らしてでもいいから、部下を残してほしい」と社長にかけあったのですが、命令に反して意見したということで、なんと私もクビになってしまったのです。

## 「ひとり新規事業部」で、数字に細かくなる

三岩商事を退職後、まず部下ふたりを別の保険会社に就職させ、自分はしばらく「草月」を手伝うくらいで、気ままにフラフラしていました。実際は、ゴルフと麻雀ばかりしていたのですが。

二度目の就職は1976年12月、先ほどとはまた違う高校の先輩が経営していた、九州鋼機という会社です。私は35歳になっていました。

配属先の実態はほぼ「ひとり新規事業部」と言っていいものでした。

セキュリティシステム「ニチエーガード」や、西洋かき氷機「スラッシュパピー」など、目新しい輸入商品を仕入れては、営業・販売で全国をまわる日々のはじまりです。

とくに「スラッシュパピー」のデモンストレーションは祭りや縁日が一番の稼ぎ時なので、地元九州はもちろんのこと、青森のねぶた祭りや仙台の七夕祭りなど、テキ屋と一緒に全国規模の祭りをまわったものです。

じつはこのスラッシュパピーにも、のちのピエトロにも関わってくる、印象深い思い出があります。

地元九州の一大外食企業である「ロイヤル（現ロイヤルホールディングス）」創業者の故・

江頭匡一さんが、スラッシュパピーに興味を持って、連絡をくれたのです。

ロイヤルは1950年に航空機の機内食や空港内の食堂、給食事業からスタートして、やがてファミリーレストランのロイヤルホストやシズラーで全国に展開していった企業です。当時まさにロイヤルホストが全国へ展開していくさなかであり、営業マンとしては喜び勇んで飛んでいきました。もしロイヤルホスト全店にスラッシュパピーを導入してもらえたら、それは莫大な数が出ることになるからです。

結論から言うと、成約には至りませんでした。ただ、そのときに江頭さんから「かかった経費を精算して、請求してほしい」と言われたことが忘れられません。

たしかに、綿密な検証のために、数週間の貸し出しはしました。けれどもほかにかかった経費といえば、私の交通費程度。こう言ってはなんですが、数千円の話です。営業経費としては誤差のようなものだと、当時の私は考えていました。

しかしここで、その数千円をきちっと精算しようとしてくれた態度に、江頭さんが優れた経営者である理由の片鱗を見たような気がしたのです。同時に父が「便所紙一枚でも自分の金で買ってみろ」と言った理由も少しわかりました。

私はそれまで数字に大雑把なところがありましたが、この一件以来、江頭さんを見習って、非常に細かくなっていったと思います。

## 趣味のゴルフで広がる人脈

「ひとり新規事業部」の重要な役割のひとつに、接待要員というものがありました。

中洲で生まれ育ち、あげく店をつぶすほど飲み歩いていたかいあって、私は優良店とそうでない店の区別もできますし、会員制の店などにも顔が利きます。それが接待の際に重宝されたんですね。何が幸いするかわからないものです。

また当時の私は30代前半にして、ゴルフはシングルの腕前でした。大学時代にはじめてコースをまわってからすぐに夢中になり、32、3歳のころがんばって安い会員権を買ってからは、時間があればゴルフ場に通っていたのです。練習のしすぎで手のひらのマメのなかにマメができていましたし、朝起きると、グリップを握った体勢になっていることもよくありました。夢のなかでも練習をしていたんでしょうね。見栄っ張りなので、外では努力なんてしていないフリをしていましたが。

まだ若く、そう人数の多くないシングルだった私は、仕事の関係でも、プライベートでも、しょっちゅうゴルフをしていました。

そして、ゴルフ場に集まる財界の実力者にもよく声をかけていただきました。

そのなかのひとり「稲員興産」の故・稲員社長には「いつまでサラリーマンをしとっとか。

土地を貸してやるから、好きなことをやってみろ」と発破をかけていただき、実際に広い土地を住宅展示場のようなイベントスペースにする計画を立てました。そして、九州鋼機で営業活動を続けるかたわら、稲員・村田の頭文字をとったIM通商という会社の立ち上げを具体的に進めるところまで行きました。

ただこのとき「IM（稲員・村田）通商といって稲員さんに頼っているうちは、サラリーマンと変わらないかもしれん。どうせなら、小さくてもいいから、イチからM（村田）商店をやったほうがいいのではないか」という思いが頭をかすめ、ふと立ち止まったんですね。

そんなとき東京で、私の運命を大きく変えた、スパゲティとの出会いがあったのです。

## 「壁の穴」スパゲティとの出会い

九州鋼機の営業で全国を飛びまわっていた私は、ちょくちょく東京に寄っては、やはり三岩商事に勤めていた、高校の先輩の田中さんと会っていました。

三岩商事の社長とはうまくいきませんでしたが、田中先輩とのつきあいはずっと続いていたんです。大学の体育会系の先輩ですから、とてもよく面倒をみてくださった。また、私がおいしいものに目がないことも知っていたので、東京のうまい店や、新しくできた話題の店にも連れて行ってくれます。それを毎回楽しみにしていました。

その流れである日「村田はもしかすると興味あるかもしれん」と連れて行ってくれたのが、渋谷でブームになりかけていたスパゲティ専門店「壁の穴」でした。

その日食べたたらこスパゲティの味を、私は決して忘れないでしょう。

そのころスパゲティといえば、あらかじめ茹でておいた麺を温め、ソースをかけるか、絡《から》めるかというものでした。ソースの種類もいまのようにバラエティはなく、ミートソースか、ケチャップ味のナポリタン。スパゲティといえば「赤いもの」というのが、当時の一般的な認識だったはずです。

それが、たらこをはじめ、あさり、納豆、ホワイトソースなど、思いもよらない具材とソースで数十種類ものメニューが展開されている。「赤くないスパゲティもあるのか」と驚きました。そしてなにより、茹でたてのスパゲティがとてもおいしかったんですね。茹で置きのソフト麺のようなスパゲティしか知らなかったものですから、「スパゲティとは、こんなにうまいものなのか」と、素直に衝撃を受けました。

その店内はオープンキッチンスタイルだったので、調理場がよく見えました。麺を茹でるところ、ソースを絡めるところ……とつくり方をじっくり見たいがためにオーダーをくりかえして、気がつけばひとりで3皿も食べてしまった。いまでは笑い話ですが、そのときは真剣でしたよ。

たまたま田中先輩がオーナーを紹介してくれたこともあり、話を聞いてスパゲティの可能性に惚れ込み、私はそのまま「壁の穴」のスパゲティに夢中になりました。

東京に行くときは毎回のように立ち寄り、やがてオーナーと一緒に飲みに行く仲に。あるときにぼそっと「レストランむら田」の失敗談を話すと、「なら、フランチャイズとして、『壁の穴』の看板を福岡に持って行ってみないか」と、思いもかけないことを言われたのです。

## フランチャイズか、オリジナルか

結論から言うと、「壁の穴」フランチャイズは叶いませんでした。

しかし声をかけられた日、私はすっかりその気になって福岡に戻りました。すぐに地元の広告代理店「三広」の社長（現会長）である向井紀雄さんに「こんな話を持ちかけられたんです」と相談に行きました。向井さんとは、博多駅商店街に出店している昭和二桁生まれの会「駅昭和会」を通して知り合い、現在まで公私を問わずよき相談相手になってくれている、いわば私のアニキ分です。

向井さんは「それはいいね」と乗ってくれて、すぐに店舗設計やプロデュースを手がける野田憲男さんを紹介してくれました。この野田氏がまた面白い男なんです。色男で遊び人でデザインのセンスがよく、一方で心臓に毛の生えたような博打打ちな面もある。ひとづきあいに慎重なところがある私にしては、珍しく急速に親しくなった男でした。

そしてもうひとり、「草月」や「レストランむら田」時代からつきあいのある遊び仲間のひとりであり、のちにピエトロの共同経営者となる西川啓子（現ピエトロ専務取締役）。彼女も昔から食べることが好きで、よく一緒にいろいろな料理を食べ歩いていた、信頼できる味覚の持ち主です。「これからの時代、飲食店は女性客に来てもらわなければ」と、女性の意見を聞きたくて声をかけました。

まずこの3人を集め、博多名物の辛子明太子を使って「たらこスパゲティ」を真似ためんたいスパゲティと、ほうれんそうのクリームスパゲティをつくってみました。3人とも「スパゲティといえばミートソースかナポリタン」の世代ですから、びっくりするやら、面白がるやら、とにかく「おいしい」と盛り上がる。

これは手応えも十分、「壁の穴」は東京ではすでに繁盛店でしたから、私はすっかりフランチャイズに前のめりになっていました。

ところがしばらくして、野田だけが「味はうまいが」と前置きしてから猛反対をはじめたのです。

「村田さん、あんたが人の暖簾で商売するのはもったいない。自分のオリジナルでやったらいいじゃないですか」と。

野田はもともとデザイン畑の人間で、宣伝企画やプロデュース能力に長けた男です。それだけに、ブランドの力を、仲間うちの誰よりも重要視していました。

しかし私は「レストランむら田」の失敗の記憶を忘れることができず、正直、すべてオリジナルで飲食業をやる自信はありませんでした。

「むら田」の失敗の要因として、メニューの引き出しが少なかったことがあります。おいしくても、何度か食べたら飽きがくる。だいたいの味がわかってしまったら、もういいか、とお客さんの足は遠ざかります。

フランチャイズであれば、すでにある十何種類かのレシピを覚えればいい。そうして成功している店の傘下で知恵を借りられるなら、「むら田」のときのような失敗はないだろうという弱気な気持ちがありました。

そう説明しても、野田の渋い表情は変わりません。私のことを思って反対してくれているのがわかるだけに、そのまま進めるのもすっきりしない。なんとかなだめながら、一度、東京の「壁の穴」本部へ同行してもらうことにしました。

しかし、そのときに同席した「壁の穴」のフランチャイズ担当者との相性が、どうにも合わなかったんです。何しろ彼は、あいさつもそこそこに「厨房にはこれを入れろ、機材はこれを買え」と居丈高にカネの話ばかり。しかもすべてが相場よりも高い。さらに、メンテナンスも東京本部を通さねばならず、「もし金曜の夜に機材が故障したら、月曜に東京から修理業者が来るのを待たなければならない」という。

飲食店にとって一番の稼ぎ時である土日に営業できないという需要なことを、大したことないかのように話すのですから、野田の機嫌はどんどん悪くなっていきます。

またタイミングの悪いことに、同席していたオーナーにも何度も電話がかかってきてそのたびに話が中断します。どうやら誰かを会社の受付で待たせていたようで、電話がかかってくるたびに「もう少しで終わるから」とぼそぼそ言い訳しているのが聞こえてくる。

さすがの対応のひどさに私も腹が立ち、すっかり怒っている野田とともに、話の途中で席を立って福岡に帰ってきてしまいました。

それから野田は、スパゲティ屋に限らず、独立経営で繁盛している飲食店に何軒も連れて行ってくれました。「看板なんて借りなくても、ちゃんと繁盛している店がこんなにあるじゃないですか」と。そして彼のこの言葉に背を押されるように、私のピエトロ物語が幕を開けることになります。

「村田さん、他所様の看板を借りて成功しても、あんたの男はあがらん。どうせ汗をかくなら、自分の暖簾で汗をかきましょうよ」

## 伊勢海老で友人を釣る試食会

フランチャイズではなく、オリジナルでスパゲティ専門店をはじめる。そう決めてから、がぜん忙しくなりました。

私はつねづね、「独立して新しいことをはじめるなら30代のうちに」と決めていました。「若いのによくやった」と言われるのは、30代までだと思っていたんですね。

「壁の穴」フランチャイズの話を断ったのが37、8のころ。そこから少しずつ開店準備をはじめ、1980年7月、39歳の誕生日を迎えた私は、オープンを12月9日と決めました。

一番時間をかけたのは、やはりメニュー開発です。

炊きたてのごはんが何にでも合うのと同じように、茹でたてスパゲティに合うソースの可能性は計り知れません。「壁の穴」のレシピも参考にしつつ、自分にしか出せない味を模索して、毎日毎日、様々な工夫をこらしては、仲間を呼んで試食会を行いました。

このとき協力してくれたのも、先に紹介した向井さん、野田さん、西川の3人がメインメンバー。ほかに向井さんの会社に勤めている若い社員など、そのときどきで4~5人が参加してくれました。

インパクトのあるメニューはないかと、海苔巻きスパゲティといった変化球を考えてみたり、若い女性を意識しておしゃれな野菜を使ってみたり。毎日毎日、ああでもない、こうでもないと意見を出し合いながらの試食会でした。

しかしなにしろ、毎日がスパゲティ。みんなだんだん飽きてきて、試食会の参加人数が減ってきます。

いまの私なら、自分ひとりでも判断できますが、当時はそこまで自分の感覚に自信を持てていませんでした。なんとか誰かに食べてもらい、意見を言ってもらわなければなりません。

そこで「ちょっとみんな飽きてきたな……」と思ったら、大枚はたいて1キロ以上はある大きな伊勢海老を買ってきました。そして「きょうのメインディッシュは伊勢海老のスチームぞ」と電話して呼び寄せる。そうやって、海老や蟹で集客（？）を図って、スパゲティやサイドメニューの味を決めていきました。

いまだに彼らと話すとき「いやあ、あの伊勢海老はうまかったなあ」と笑い話になりますね。

## カネがないなら、知恵を出せ

メニュー開発と並行して行っていた、店舗探しには苦戦しました。

はじめは開店資金の関係から、天神から少し離れた場所にある物件が有力候補となっていました。

天神は昔もいまも福岡の一等地です。当然、地代も家賃も高い。「店を出すなら天神に」という思いはあっても、用意できる開店資金には限度があります。予算からすると、天神では新しいビルにテナントで入ることはおろか、古い建物を借りるにしても、敷金・保証金が足りません。

少し離れた場所ですら、1階にファーストフード店が入ったビルの2階テナントが、予算ぎりぎりの精一杯でした。それでも、通りに面した人気のある場所でしたから、条件としてはそう悪くはありませんでした。

しかしほぼ決定しかけたところでまた、内装・設計を担当する野田が猛反対してきたのです。「やはり天神で出さないと。なんとかするから待っていてください」と言って、ほんとうに知り合いの不動産オーナーが所有する天神3丁目の空き地を探してきました。さらに、思いもかけないユニークなアイディアを提案してきました。

「敷金・保証金の代わりに、この土地に村田さんが2階建ての軽量鉄骨の建物を建てましょう。1階の部屋はオーナーに自由に使ってもらいます。我々は2階フロアを格安で借りて、店をやるんです」

不動産オーナーも「その条件なら」と大喜び。当然です。他人に無料で建物を建ててもらえて、さらに賃料も入ってくる。しかも1階を第三者に貸せば、その敷金・保証金・賃料も入ってくるのですから。

私としては、なぜわざわざ建物を建てて、2階を使わなければならないんだ、何を言っているんだと思いました。

それでも、たしかに場所は理想的です。野田も自信満々に「この土地なら2階でも絶対に大丈夫、自分がそういう設計をしますから」と言う。

釈然としないながらもほかに手段はなく、思い切って奇策に乗る決断をしました。

結論を言うと、野田は約束通り、狭いながらも雰囲気のいい店に仕上げてくれました。しかもどうしても予算が足りず、見積もりの3分の2の価格で引き受けてくれたのですから、感謝は尽きません。

そうして資金はないながらも、新しい店はなんとか福岡の中心・天神と名のつく場所でのスタートを切ることが決まったのです。

## 「ピエトロ」は、イタリアの「太郎さん」

天神3丁目のその土地は、現在も親不孝通り（親富孝通りと改名）と呼ばれる一角です。なぜ親不孝かというと、大手予備校がいくつもあったから。大学受験浪人イコール親不孝、という発想から、自然発生的にこのような名前で呼ばれるようになったのだとか。学生向けの飲食店やゲームセンターなど娯楽施設が並ぶこの通りは、いまも若者たちが集まる街です。

この親不孝通りは、若いオーナーが経営する、個性的な名前の飲食店が多いことでも有名でした。たとえば「晴れたり曇ったり」、「丘の上の馬鹿」、「ポパイの好きなホウレン草」……ぱっと聞いただけではなんの店かわからないけれど、印象的な店名ですよね。

天神に店を出すことが決まってから、自分の店も、周囲に負けないくらいユニークでわかりやすい屋号にしようと考えていました。

そこでふと思い出したのが、スパゲティの本場イタリアに伝わる『羊飼いのピエトロ』という民話です。


昔々、ピエトロさんという羊飼いがいました。

ピエトロさんはパスタが大好き。毎日仕事を終えて家に帰り、茹でたてのパスタを食べるのが至福のひとときでした。

時が流れてピエトロさんが永遠の眠りについたとき、親しかった友人たちは、ピエトロさんの棺にパスタをたくさん入れて、祈りを捧げました。

ところが翌日、最後のお別れのときに棺を開けるとあらふしぎ。

棺の中のパスタは、すべてなくなっていたのです！


そんなパスタ大好きな「ピエトロ」さん。改めて調べてみると、イタリアでは日本でいうと「太郎」「一郎」のような、誰もが知っているポピュラーなファーストネームだといいます。

親しみやすく、覚えやすい。なによりスパゲティ専門店にふさわしい名前だと思い、迷わず即決しました。

また、頭につけた「洋麺屋」という言葉にも思い入れがあります。

ひとつは、日本人――特に福岡の人間は麺好きですから、スパゲティというより洋麺としたほうが馴染みがいいのではないかという考え。もうひとつは、「炊きたてのごはんに合うものは、茹でたてのパスタにも合う」ことの強調です。

日本人がふだん食べている食事の感覚で、茹でたてのスパゲティを食べてもらいたい。

そんな願いを込めて、「洋麺屋ピエトロ」という名前が決まりました。

## 「おいしい」は総合点

場所が決まり、屋号が決まり。そのなかで、店のイメージは徐々に具体的になっていきました。

客層のメインターゲットははじめ、若い女性に絞っていました。

もともとスパゲティの新しい食べ方を面白がってくれるのは、若い人がメインになるだろうと考えていました。

カウンター含めて36席の細長い店ですから、あまり大人数でわいわいというイメージではないかもしれない。少人数の、いまでいう女子会のような使い方であったり、カップルにデートに使ってもらったり。そしてできたら、きれいなOLさんが通ってくれる店になったらいいな……というのは、正直なところ、自分のモチベーションに直結する要素でしたが。

では、そういう人たちに来てもらうにはどうしたらいいか。

そこからは自分がお客さんになったつもりの目線で、店構えから、店内に入ってすぐの視線の動き、天井や壁のイメージなどをどんどん詰めていきました。

試食会で女性の意見を極力取り入れるようにした結果、オープン当初は、茹でたてスパゲティに、好みのソース3種類（トマト・クリーム・しょうゆ味）と、野菜・魚介・肉など23種類の具材を選んで食べるスタイルに。サラダは当時にしては珍しく、小石原《こいしわら》焼の大きい皿に盛りつけたものから、取り分ける方式にしました。

客単価のイメージは、パスタとサラダ、ドリンクで1000円です。35年前は「高い」と言われましたが、その値段でも来てもらえるよう、味、雰囲気、サービスを徹底しました。

たとえばドリンクメニューでも、ビールはグラスに注いで出すのではなく、冷えた缶ビールとピルスナーグラスを置く。いまではどこでも当たり前のようにやっているサービスですが、これを福岡でやったのはうちがはじめてではないかと思っています。

カウンター席に美人が座って、小さい缶ビールをあけて、パッとグラスに注ぐ……そんなイメージを野田に話して、「いいねえー」とふたりで意気投合する日もありました。

スープの種類も「ポタージュ」より、まだ馴染みのなかった「チャウダー」を増やす。

女性がお化粧直しするときのことも考えて、狭い店ながら、パウダールームの内装はとくにかわいらしくするよう意識しました。

「おいしい」はあくまでも、味、雰囲気、サービスの総合点だからです。

## 問題児だらけの創業メンバー

突貫工事ながらも着々と準備が進むなか、思いのほか苦労したのが人材集めでした。

まず厨房には私がコック長として入り、共同経営者の西川には店長として、ホールでの監督、接客を任せる。ここまでは決定事項です。

ただし私は、ある程度軌道に乗った段階で厨房を出て、雇いのコック長と西川に現場を任せるつもりでいました。自分はオーナーシェフとして一国一城を築くのではなく、事業としてレストランを経営していきたいと考えていたんですね。

ですから料理人を雇う上では、「野望を持っていないこと」という、明確な条件がありました。当時の料理人としてのステイタスのゴールは、ホテルの料理長になるか、自分の店を持つかの2パターンです。しかしピエトロはスパゲティ専門店。サイドメニューはあるにしろ、料理の幅があるとはいえません。

私自身もカレー専門店だけでは経験の幅が狭すぎると思って修業に出たくらいですから、ゴールに向けてキャリアを積みたい、勉強していきたい、と考える料理人にとっては、あまり勉強にはならないでしょう。だから、料理のキャリアを積みたい人間には来ないでほしい。

また、ピエトロの味を決定するのは、私です。ここを譲る気はありません。

私が試行錯誤しながらつくった味を忠実に再現してくれる腕が欲しいわけで、勝手にアレンジしてもらっては困る。つまり「自分でオリジナルメニューをつくりたい」「創意工夫が得意」という料理人も、うちには向かない。

ですから「いずれ自分の店を持ちたい」とか「料理の勉強をしたい」という前向きな目標のある人間は、あえて断りました。

むしろ積極的に採用したのは、昔の私のように「独立して失敗し、借金がある」、あるいは「本格的に修業をしたことはないけれど、料理が得意で仕事を探している」といった、生活のために割り切って働いてくれる人間です。生活がかかっていれば、簡単に辞めないだろうという胸算用もなかったとは言いません。

この傾向は開店当時だけではなく、かなり長い間、続きます。飲食の世界は、転職のサイクルが速い職業ですから、腕に自信がある人はすぐに独立や引き抜きで辞めてしまいます。

さらに、当時の私はまだまだ荒っぽかったんですね。

サラリーマン・営業生活で相当もまれたものの、やはり根っこが職人気質で、口も手も足も出る、精神的にも肉体的にも厳しいオーナーだったと思います。とくに料理人に対しては、どうしても点が辛くなる。いまでこそ10年、20年勤続の社員も珍しくありませんが、創業当時は従業員の定着率がいいとは決して言えませんでした。

そうして知人のツテをたどりながらなんとかコックを集めても、安心はできません。今度はホールでウェイター、ウェイトレスをしてくれるアルバイトが集まらない。やっと応募があったと思ったら、暴走族上がりのような風貌の茶髪の女の子がやってきたからびっくりです。

しかしほかに戦力がないのだから仕方がありません。「大丈夫だろうか」と思いつつ雇うことを決めると「制服を支給して」と言い出す。それもちょっとしたブランドのデニムのスカートにスニーカーの種類まで指定してくるのです。「なんだこの娘は」とカチンと来たものの、働いてくれる人がいなければ店を開けられないので、言うとおりに用意しました。

もっともこの女の子は、あとから裕福な家のお嬢さんだったことがわかりました。そのころは若気の至りでちょっとやさぐれていたようで、アルバイトを辞めて結婚したあとは、よく小綺麗な格好をして店に遊びに来てくれたものです。

しかし当時はひどかった。

彼女に限らず、そうして無理やり集めた創業メンバーは遅刻常習犯揃い。開店1時間前に電話をかけて誰も出ないときは、私がすっ飛んでいって掃除をすることも珍しくありませんでした。

## おもてなしのイメージは「家にたいせつな友人が来たときのように」

ここで、共同経営者として35年間、片腕になってくれている西川についても話しておきたいと思います。

7歳年下の西川は、若いころからよく一緒に遊んでいた仲間のひとりでした。

飲食業の経験はアルバイト程度でしたが、なにしろ食べることが好きで、人をもてなすのも好きな性格。自宅で「壁の穴」のレシピを真似して仲間たちに振る舞ったとき彼女にサポートしてもらったのですが、このときの気遣いがとてもしっくりきたんですね。控えめでありながら、とても努力家であることも長いつきあいでわかっていました。

彼女はちょうど、新しい仕事を探していた時期でもありました。もういちど飲食店をやるのであれば、そして若い女性をターゲットにした店を目指すのであれば、40男の私が表で仕切るより、30そこそこの彼女を店長にして現場を任せたほうがうまくいくのではないか。直感的にそう思ったのです。

彼女もすぐに乗り気になってくれたのですが、いきなり店長ですから、やはり不安もあったようです。ほんとうに店をはじめるとなったある日「お客さんには、どんなふうに接したらいいんでしょう」と聞いてきたことがありました。

私はそのとき「自分の家に、たいせつな友人が遊びに来たと思えばいいんだよ」と答えたのをよく覚えています。

それともうひとつ、「料理人やアルバイトに対して何か気になることがあったとしても、本人に言わず、オーナーである私にまず報告するように」と約束してもらいました。

何度も言うように、厨房の世界は独特です。経験がない店長という立場では、料理のこともよく知らない女店長に何か言われるのは気に食わん、と料理人にそっぽを向かれる可能性も十分にありました。

西川はその指示にも素直に従ってくれ、その細やかな気配りから、料理人やアルバイトの子たちからも、店長というよりはお姉さんのように慕われる存在だったように思います。

結果的にはそれが、ピエトロ1号店の、おだやかで家庭的な雰囲気にもつながっていったのでしょう。

せっせと働く姿は近所でも評判で、当時大ヒットしていたNHK朝のドラマにちなんで「親不孝通りの〝おしん〟」と呼ばれていたとか何とか……。

言葉足らずですぐに怒るカミナリオーナーシェフの私と、誰より働き者でいつもにこにこ褒め上手の西川「ママ」。そして問題児だらけとはいえなんとかスタッフが集まり、ピエトロは船を出す準備が整っていったのです。

# 第3章

*capitolo3*

## 洋麺屋ピエトロ、開店

ついにやってきた開店当日。
オーナーである私は資金繰りのために銀行に面接に行っていて、
その場に立ち会うことができませんでした。
しかもお客さんが来ない……。
最初の1年は毎日、「明日つぶれるのでは」と不安で
サラリーマン生活も続けていたのです。

## マスターではなく、社長と呼んでほしい

開店準備中に、料理人のひとりからこんな質問をされました。

「これから、なんと呼んだらいいですか。『大将』か、あるいは『マスター』のほうがいいですかね」

私は迷わず「オレはスパゲティ屋のオヤジで終わるつもりはない。事業として展開していくつもりだから、社長と呼んでくれ」と答えました。

先にお話ししたとおり、職人として一軒を守っていくのではなく、経営者として、事業を展開させていくことが自分の夢でした。それは、二度とやるものかと思った飲食業にリベンジするうえでの、意地でもありました。

「レストランむら田」の失敗は、10年たっても忘れられるものではありません。どんな事情があろうと失敗は失敗です。

「むら田」の顛末をよく知る人物のひとりに、久山カントリー倶楽部の元社長・行徳光男さんがいます。久山カントリー倶楽部は私が若いころからよく通っていたゴルフクラブであり、行徳さんは当時から「村田くんはほんとうにゴルフば好いとっちゃんな」と言って目をかけてくださった。「三広」の向井さんがアニキ分とすれば、行徳さんはいまでも私が「オヤジ」と呼

んで慕っている方です。

オープンをひかえたある日、その行徳さんに「いっぺん失敗しとるんだから、仰々しくレセプションやらなんやらしてはいかんよ」と忠告されました。

さらに好きなゴルフも1年は我慢して、店に専念しろ、と。

おっしゃるとおりです。レセプションの代わりに、友人・知人には、次のような開店の挨拶状を送ることにしました。

自分でも「おいしい」と思え、
来ていただいたみなさまにも
「おいしかった、また来てみたい」と
満足していただけるような
味とサービス、雰囲気を提供できたらと考えています。

照れ屋の自分が思い切って素直に綴ったこの言葉は、その後35年たったいまも、私たちの原点だと自負しています。

## 「月商３００万いったら逆立ちしてあげますよ」

メニュー、場所、雰囲気、サービス内容。突貫工事ではあるものの、考えうる限りすべてに手を尽くしました。

けれども、オープン前の周囲の反応は決して色良いものではありませんでした。近所に開店チラシを持って挨拶に行くと、それはそれはけんもほろろな言われようなのです。

「４５０円のスパゲティなんて高すぎる。誰が食べよる。アホか」

「せっかちな博多の人間が、10分も麺の茹であがるのを待つかい」

「いくら天神とはいえ、賃貸でやっているようじゃ上がりは出ない。みんな自宅で家賃がないからやっていけてると」

向井さんに紹介してもらって銀行のお偉いさんに会いに行ったときは、「この場所でスパゲティですか。１日に売上5万もいけばいいほうですよ」と憐れまれる始末。言われっぱなしでは悔しいので「1日10万の売上を当面の目標にしています」と食い下がれば、「月商３００万いったら逆立ちしてあげますよ」と冷ややかです。「融資をしていただくのは、難しいですかね?」と尋ねたら、鼻で笑われました。

開店チラシを持って挨拶に来た人間に対して、ひどいことを言うよなあと、いまでも思います。これから準備をはじめる人間が相談に来たというなら苦言もアドバイスになるでしょうが、もうすべてを用意をして、あとはオープンを待つのみなのですから。

正直言えば、不安でした。

いつも相談に乗ってもらっていた向井さんにはもちろん、数カ月ぶりの休みをとって家族旅行中だった野田をつかまえて、不安をぶつけるように夜中に2時間ほど長電話をしたこともあります。携帯などない時代ですから、宿泊先のホテルにまでかけたんですね。もう何を話したか覚えていませんが、とにかくそんな非常識なことをするくらい、切羽詰まった精神状態だったのでしょう。

でもいまさら、引き返すことはできない。

どんなにひどくても、お客さんひとりは絶対に来てくれるだろう。

そのひとりに心を尽くして精一杯サービスしたら、きっとまた来てくれるだろう。

それを繰り返していくしかないと、腹をくくったのです。

## 波乱含みのオープン当日

そうして迎えたオープン当日。

1980年12月9日火曜日、午前11時。

蓋を開けてみれば、挨拶状を送った友人・知人の多くがお祝いにかけつけてくれました。

しかし情けないことに、私はこのとき、銀行の融資の面接に呼び出されていたため、その現場に立ち会うことができなかったのです。

実に恥ずかしい話ですが、オープンが差し迫ったころになってから、開店資金として見込んでいた一部が間に合わないと判明しました。友人のツテで借りられるはずだった見込みの資金が、ご破算になったのです。

慌てて国民金融公庫に借り入れの相談を申し込んだところ、融資が可能かどうかのヒアリングのため、12月9日火曜日、午前11時に来いという。よりによって、開店オープンの時間とぴったり重なってしまうとは。さすがになんとかずらしてもらおうと何度も頼みました。「その日が店のオープン初日なんです。30分でも結構ですから、時間をずらしてはもらえませんか」と。ところが「それはそちらの都合でしょう。この時間に来られないなら、こちらとしては融資は必要ないと判断するだけです」とぴしゃり。

当時は飲食業自体が銀行貸付の対象になっておらず、当座預金もつくってもらえませんでした。しかも私は銀行にとってなんのうまみもない、脱サラして飲食店をはじめようとしているただの素人です。

ここにきてやっと、私は商売の厳しさを肌で感じるようになりました。

「レストランむら田」のときは、長年商売をしてきた実績のある父親の信用で借りられた部分が大きかった。サラリーマン時代に大きなお金を動かせたのも、自分がその会社の一員だったからであって、自分個人の力ではない。

そんな当たり前のことにいまさら気づき、再び自分の甘さを思い知ることにもなったのです。

開店当日、西川だけでは不安なので野田にヘルプを頼み、私はヒアリングへ。すぐに戻ればいいと思っていたのですが、行ってみるとヒアリングの内容が非常に細かく、どんどん時間が過ぎていきます。

レストラン創業店（1980年）

しかも最終的には「担保がなければ貸せない」と言われ、仕方なく実家へいき、父親に「金が足らんけん、家ば、担保にさせてくれ」と頼みました。83歳になっていた父は、一言「わかった」とだけ言って、書類に判をついてくれました。

そうしてやっと店に戻れたのは、夜8時を過ぎたころでした。

## 父親との突然の別れ

「レストランむら田」閉店時の借金返済に続いて、2度、父親に判を押させてしまった。このときほど、金がないことを惨めに感じたことはありません。

なんとしてもピエトロを軌道に乗せて、親父を安心させよう。もう絶対に迷惑をかけるまい。その思いが結実したかどうかは、いまもわからずにいます。父は「洋麺屋ピエトロ」の開店から5ヶ月後に、原因不明の突然死で亡くなったからです。

「どうも少し体調がおかしい」と言い出して、念の為にと検査入院をしたその夜の出来事でした。付き添っていたのは私だけです。夜中に急に苦しみ出して、すぐにナースコールで医者を呼んだけれど間に合わず……。

父は存命中、2回だけピエトロに来てくれました。初めて店で父に会ったのは、オープンから3ヶ月ほどたった春先だったことを覚えています。

階段をとんとんと上がってくる年寄りが目に入り、「うちは若い女性のお客さんが多いのに、よぼよぼしたじいさんがひとりで珍しいな」と見ていたら、店に入ってきて、何も言わずに店内をぐるりとみまわす。「うわ、うちの親父ぜ」と思った瞬間に目が合って「なかなかやないか」と、にやりと笑って言ってくれた。

うなぎの寝床のような26坪の狭い店でしたが、もっとずっと小さい店を想像していたのでしょう。

そういえば「草月」は10坪だったな、と思い出したのはあとになってからでした。覚えているのはそれだけです。そのとき親父が、コーヒーを飲んでいったのか、スパゲティを食べたのか、なぜか記憶が定かではありません。

そのあと、もう一度だけ来てくれて、それが最後の来店でした。何度か母親から「きょう、お父さんそっちに行くと言っとったよ」と聞いていたので、もしかしたら何度かは店の近くまで来てくれたのかもしれません。きっと父も、照れくさかったのでしょうね。

結局死因がわからなかったものですから、医者に「最後に立ち会われたのは息子さんですから、（死因は）自由に決めて書いてください」と死亡診断書を2枚渡されました。「何を無責任な」と腹が立ちましたが、結局、その1枚はいまも私の財布に入っています。お守りというわけではないですが、なんとなく、入れっぱなしになっていて。もうすぐ35年ですから、だいぶくたびれましたけどね。

もう少し生きとってくれたら、ピエトロが成長していく様子を見せられたのにな。そしたら、にやにやしながら、何か言ってくれたかなと、ときどき思います。

## 1年間は、サラリーマンと二足のわらじ

じつはこのとき、まだ私は九州鋼機を辞めていませんでした。

つまりサラリーマンとオーナーシェフ、二足のわらじを履いていたことになります。

朝、店に連絡をして問題がなければ博多区にある会社へ行く（問題があれば店にも寄ってから……）。

11時半には会社を出てクルマを走らせ、天神の店に入り、コック服に着替えてスパゲティを茹でる。

ランチタイムラッシュが終わったらまたスーツを来て会社に戻り、夕方には再び着替えて厨房に立つ。

あれだけ1日何度も着替え、ネクタイを締めなおしていたサラリーマンはそういなかったのではないでしょうか。

なぜそこまでしていたかというと、まず、九州鋼機の社長が引き留めてくれたからです。「辞めることはないやろ。会社には用のあるときに来ればいい。忙しいときは、来られるときに来ればいいいから」と。

実際はそんなふうに割り切ることはできず天神と博多を往復していたわけですが、社長は開

店資金として200万円を出してくださったこともあり、ありがたい申し出を断ることはできませんでした。

もうひとつの理由は、待遇が良かったこと。

もともと「ひとり新規事業部」のような立場で時間の融通もききましたし、比較的自由に経費を使わせてもらえていました。当時は景気も悪くはありませんでしたから、給料もけっこうもらっていたんですね。

最初は「ピエトロが軌道に乗ったら、あとは完全に店は西川に任せて、自分はサラリーマンを続けながらほかの事業を起こすのも面白いかもしれない」などと考えたこともあったほど。

実際はそんな甘いものではないことは、すぐにわかるのですが。

ピエトロはしばらくの間、明日どうなるかもわからない状態でしたから、別に安定した収入源がある状態は、正直ありがたいものでした。

結局、九州鋼機にはピエトロをはじめてからも1年ほどは在籍していたことになります。

精神的にも肉体的にもつらい時期ではありましたが、開店資金としてお借りした200万円は、返済もしましたし、仕事でも恩返しできたのではないかと思っています。

## 注文が無料コーヒーだけだった日

オープン当日こそ不在にしてしまいましたが、翌日からしばらくは挨拶状を見た友人たちがご祝儀とばかりに訪れてくれ、賑やかにスタートを切ることができました。

ところがそれもつかの間。2ヶ月もたつと客足は途絶え、1日の売上はせいぜい2、3万円に。銀行の人がいったとおり、5万円もいけばいいほうでした。

向井さんや野田といった仲間はちょくちょく様子を見に来てくれましたが、それでは当然やっていけません。

悪天候の日などは、ランチもお客さんがなく、みんなどんよりと店内で待機することも。やっと電話がかかってきて近所のビルへのコーヒーの出前の注文があり、ウェイトレスが大雨のなか元気よくコーヒーを運んでいくと、サービスで配った無料コーヒー券をぺらっと渡されただけ、ということもありました。そのとき私は店にいなかったのですが、無料コーヒーを運んでいったアルバイトの子は、悔しかったのでしょう、帰ってきてから店の奥で泣いてしまったそうです。かわいそうなことをしてしまいました。

また別のアルバイトの子に「お客さんがいなくてバイト代をもらうのが申し訳ないから、賄いをいっぱい食べさせてくれたらそれでいいです」と言われたこともあります。まったく情けない、惨憺たる状況でした。

お客さんがいないだけではありません。こんなこともありました。

カップルで来た男性客に「なんやこの麺、茹だっとらんばい！」と文句を言われたのです。きっとアルデンテのスパゲティを初めて食べた方だったのでしょう。そのころのスパゲティは茹で置きしてあるソフト麺のようなイメージでしたし、そもそも九州で麺といえば、コシがなくやわらかいうどんが主流です。東京やほかの地方よりもずっと、「アルデンテの硬さ」が気になったのかもしれません。

もしそれが友人であれば、「これがほんもののスパゲティたい、この田舎もんが！」と言ってしまうところですが、それをやったらおしまいです。営業生活で培った忍耐力を稼働してなんとかわかっていただけるよう説明しました。それでも結局、その方には、あまりいい顔はしてもらえませんでした。

多くのお客さんは「おいしい」と喜んでくださいましたが、好みの違いだけは仕方がありません。

そんなことが続くと「九州でスパゲティの店なんぞ流行らん」と言われたことを思い出しては、「やはり、ダメなのか……」「『壁の穴』の看板でやっていたら、もっとお客さんは来てくれただろうか……」と落ち込む毎日。

うまくいかないときは、ついつい、悪いほうにばかり考えてしまうものです。

そして「うまい話」に乗りやすい精神状態にも、なっているようです。

## ロッテリアフランチャイズの失敗で四面楚歌に

浮かない顔をしていたある日、知人から「ピエトロ以外にもうひとつ、ロッテリアのフランチャイズをやってみないか」と持ちかけられます。

ロッテリアとはみなさんご存じのファーストフードチェーンです。1972年に創業して、当時は新商品開発やフランチャイズに力を入れはじめたころだったでしょうか。その知人はすでにロッテリアのフランチャイジーとして成功していて、かなり羽振りがよさそうに見えました。

わらにもすがる思いでフランチャイズの本部へ行き、話を聞いてみると、採算の見込みも悪くはなさそうな店舗を紹介されました。「人気のある場所ですから」と言われ、折しも『壁の穴』の看板でやっていたら……」という思いが頭をかすめていた時期でもあり、私はその話に飛びつきました。

しかし、それが大失敗でした。

福岡市東部の副都心として開発の進む香椎駅前に店を構えたものの、見込みの半分の売上にもならなかったのです。

すぐに本部にかけあい、話が違いすぎるということで、事業継承者を探してもらいました。ところが継承者がなかなか見つからず、赤字続きのままほそぼそと経営を続けることに……。最終的に1年ほどで閉店することになるのですが、ピエトロをオープンして半年ほどで、ピエトロ以外の借金を数千万円増やすことが確定してしまったわけです。

このときはさすがにこたえました。ある日ふと気がつくと、円形脱毛症で頭にコイン大のハゲが7つもできていたほどです。

そして毎日、ピエトロを閉めることを考えていました。

オーナーとの賃貸契約のなかに「半年以内に退店する場合は、300万円が返ってくる」という項目があったのです。300万円が返ってきたところで、大赤字であることは変わりません。莫大な借金のほんの数分の一程度でしょうか。

それでもこのまま店を開けていて借金を増やすだけなら、少しだけでも入ってくるお金が多いほうがいいのではないかと弱気な試算を繰り返す日々。

いま思えばかなり追い詰められていたのでしょう。

「すべてを投げ出して、どこかに行ってしまいたい」と考えたことも一度二度ではありません。

寝不足で運転していたときは、このまま自動車ごと海に飛び込んでしまおうかと思ったこともありました。

## 目の前のひとりひとりに心を尽くすしかない

そんなひどい精神状態になりながらもピエトロを閉めなかったのは、やはりどこかで、「うちのスパゲティは、絶対においしい」という自信があったからです。

また、毎晩のように損益分岐点について相談にのってくれていたアニキ分の向井さんも「村田くんくらいひたむきに『食』について考える男はおらんよ。素材、味、見た目、雰囲気。ピエトロみたいな店はほかにない。売上はあとからついてくるたい」と根気強く励ましてくれます。

野田もよく2歳になる長男を連れて遊びに来てくれました。暇な時間帯には、その子が食べ終わってからもちょこんとカウンターに座って絵本を読んでいた。その姿が女性のお客さんに「かわいい」と微笑まれる光景もありました。

そして、共同経営者であり店長の西川は、私にも八つ当たりされ、絶対に不安がないわけはないはずなのに、何も言わずニコニコと、暇なときはうちの店先だけでなく近所の掃除までしている……。

そうして支えてくれる仲間のおかげで、なんとか、日々を乗り切ることができたように思います。

私もだんだん開き直るようになり、天候が悪く「もうお客さんも来ないだろう」と判断した日には、早めに店をクローズし、料理人たちを連れて中洲に飲みに行くこともありました。怪我の功名ではありますが、そういう時間も結果的に、逆境をのりこえる仲間としての絆を深めることができたのかもしれません。

できることは、ひとつひとつの注文を、丁寧につくるだけ。ひとりひとりのお客さんに、また来ていただけるよう心を尽くすだけ。

とにかくそうして目の前のことに全力を尽くすようにしているうちに、少しずつ、風向きが変わってきました。

半年を少し過ぎたころから、徐々にではありますが、若い女性を中心に客足が増えました。「クチコミ」が広まって、一度来てくれた方が、友だちに紹介してくれたり、ほかの友だちを連れてリピートしてくれるようになってきたようです。

次の章で詳しくお話ししますが、並行して、季節のサラダにかけていたドレッシングを「わけてほしい」という声が増え、店頭販売をするようにもなりました。それをきっかけに店を訪れてくださるご新規さんも多かったように思います。

そして、オープン1周年を迎えるころには、それまでの閑散とした状況がウソのように、2階にあがる階段に入店待ちの行列ができるようになっていたのです。

## 「上に立つ者ほど、言葉遣いをていねいに」

それにしてもこの時期を振り返ると、自分の思い通りにいかないイライラを、そのまま従業員にぶつけるダメなオーナーだったなあと反省します。

とくに厨房に入れば必死ですから、言葉遣いに注意する余裕もありません。新しく入ってきた料理人の間違いにも寛大になれず「おい！　おまえたちは店をつぶす気か！　もうやめてしまえ!!」と、お客さんがいるというのに叱りつけたこともありました。

あるとき店に来てくれた久山カントリーの行徳社長に、見かねたように注意されたことがあります。

「村田くんな、スパゲティ屋のおやじで終わりたくないのやろ？　大社長になるなら、言葉遣いも相応にしなければならんよ。立派な事業主ほど、従業員に向かって『おい』『おまえ』とはいわん。ましてやお客さんの前で怒鳴りつけたりはせんよ」

ほかのひとに言われたら反発したかもしれませんが、オヤジと慕う行徳社長に言われては反論できません。

すぐに態度を改めることはできませんでしたが（いまだに口の悪いのは直りませんが）、少しずつ、意識を変えていくようになりました。

「上に立つ者ほど、言葉遣いをていねいに」

これはいまでは、レストラン店長や幹部社員にもよく言って聞かせる言葉です。

なお、創業から35年たったいま、西川のほかにたったひとり、このころからやってくれている料理人がいます。オープンから約半年たったころに入店して、いまもレストランメニューをはじめドレッシングやレトルト商品の開発、また後述する能古島《のこのしま》の農園の運営まで、料理人としてずっと私の一番近くでサポートをしてくれている料理人の野口和幸です。

ピエトロに来る前は喫茶店で賄いメシをつくっていた程度の経歴でしたが、私に怒鳴られ、蹴られ、よく34年と6ヶ月やってくれていると思います。

いまでもスパゲティを茹でるのは私が一番うまいと自負していますが、次にうまいのは彼でしょう。こんなことは、本人の前では決して言いませんけれど。

## 功労者には利益を還元する

そんなどうしようもないオープン前後ではありましたが、ひとつ、いまも自慢に思っていることがあります。

それは、才能や労力に対して、相応の価値を認めてきたことです。

たとえばピエトロは、はじめから料理人に残業代を払っていました。いまでは当たり前でしょうが、17〜18年前は料理人は日給制がほとんどでしたから、飲食店で残業代という概念はなかったように思います。

それで結果的に、「ピエトロに行けば残業代で稼げる」という噂が広まり、腕に自信があるというより、収入めあての料理人が集まってきました。

20年程前、料理長をやっていた人間には、月100万円の給料を払っていたことがあります。当時の福岡の料理人で一番の高給取りは、西鉄グランドホテルの料理長の50万円と言われていましたが、その倍を払っていたんですね。「ピエトロとかいうスパゲティ屋が、若いコックに100万払うという噂があるが、そんなバカなことあるわけなか」と話題になったこともあると聞きました。

実際にその料理長は、月給25万からスタートして、5年後に100万の給料を稼いでいました。まだ若いピエトロが、ひとりのコックに月に100万円の給料を払うのは大層なことでした。でも彼には、根性があった。たとえば、いまでいうフェトチーネを本場のようにつくりたいといって、一生懸命、寝る間も惜しんで研究していたんです。

それはほんの一例で、自分がやりたいこと、たいせつに思っていることをとことん追求して、何回「もういいだろう」と言われても諦めずに続けるような、その気概に私は価値を見出しました。

これは料理人だけに限った話ではありません。

レストランのウェイターでも、営業でも、ドレッシング製造でも。自分の道を極める社員、がんばって売上をあげてくれる社員には、できるだけ利益を還元したい。

それも、私が創業時から貫いている信念のひとつになっています。

# 第4章 *capitolo4*

## おすそわけから、全国へ

いまやピエトロの代名詞となっている、オリジナルドレッシング。
サラダにかけていた生タイプドレッシングは、
ワインの空き瓶に入れた「おすそわけ」がはじまりでした。
工場生産となり、国内外で売られるようになっても、
つくり方は創業当時のままなんですよ。

## 麺を茹でる間に出したサラダドレッシング

私たちが「オレンジキャップ」と呼んでいる、「ピエトロドレッシング 和風しょうゆ」。福岡以外にお住まいのみなさんにとっては、ピエトロというと、このドレッシングのイメージが強いのではないでしょうか。

レストランは味にこだわるあまり、さほど積極的なフランチャイズ展開をしてきませんでした。逆にドレッシングは比較的初期から東京での販売をスタートしていますし、何度か全国にテレビCMも出しています。だからレストランよりもドレッシングのほうが先に全国に知られるようになったんですね。

実際に現在、ピエトロにはいくつもの事業部がありますが、そのすべての売上の中で、ドレッシングがメインの食品事業のシェアが一番大きくなっています。

このドレッシングはもともと、スパゲティの麺を茹でる間に食べていただくサラダ用に考えました。

開店前に「博多の人間が10分も待つかい」と揶揄されたとおり、博多っ子はせっかちです。たしかに、乾麺をその場で茹で、熱いうちに提供するような店はありませんでした。

そこで、その10分の間をもたせようと考えたのが、季節のサラダ。そしてそのサラダの味付けに考えたのが、いまピエトロの代名詞にもなっている、たまねぎがたくさん入った、しょうゆベースのオリジナルドレッシングです。

しょうゆベースのドレッシングで提供しようと決めたのは、ピエトロが和と洋の融合するオリジナルテイストを模索していたことと、私自身の好みです。

当時ドレッシングといえば、フレンチタイプがメインでした。私はその酸味があまり好きではなかったんですね。市販されている和風ドレッシングの存在も知らなかったので、生野菜にはいつもしょうゆをかけて食べていました。そのほうが野菜の旨みを素直に感じられると思っていたんです。

とはいえ、イタリアンレストランでしょうゆをそのままかけるわけにはいきません。他社から和風ドレッシングが販売されていたようなのですが、私はお目にかかったことがなく、やはりゼロからのスタートです。

しょうゆをベースに、どうすれば旨みを引き出せるか試行錯誤を重ねた結果、たまねぎの搾り汁、すりおろしたしょうが・にんにくはじめ、野菜のたくさん入った具沢山ドレッシングになりました。

ここでこだわったことのひとつが、たまねぎの切り方です。じつはピエトロドレッシングのたまねぎは、若いころに手伝いをしていた父のカレー専門店ならではのノウハウで、甘みを最大限引き出す切り方にしているんですよ。

サラダ油も様々な種類を試してブレンドしました。こちらは味というよりは粘度の関係が大きく、いまでも季節によって多少配合を変えています。

若い女性を意識して、赤ピーマンと黒オリーブも入れて見た目もかわいらしく。

そうして、こだわりをふんだんに取り入れたドレッシングができあがりました。

とはいえ、精一杯アイディアを詰め込んだのは、ほかのどのメニューでも同じです。

あくまでもサラダの一部として何気なく提供していたドレッシングが単体で、まさか海外でも売られるようになるとは、このときまったく想像もしていませんでした。

## 「野菜嫌いの子どもが野菜を食べるから、わけてください」

オープンから2、3ヶ月が過ぎたころでしょうか。

ランチタイムの喧騒が一段落して、さて会社に戻るかと厨房を出たときに、主婦らしき女性がひとりでトントンと階段を上ってくるのが見えました。

そして扉を開けた彼女に「ここで出しているサラダのドレッシングをわけてもらえませんか？」と尋ねられたのです。

一瞬、どういうことかわからずにぽかんとしていたら、「うちの子は野菜嫌いなんですが、ここのサラダはおいしいと言ってよく食べるんです。自宅で真似してみたけれどうまくいかないので、ドレッシングだけ売ってもらえないかと思って」と言葉が続きました。

思いもよらなかったとはいえ、もちろん嬉しいお申し出です。特別な容器などは用意していなかったので、店で使ったワインの空き瓶をきれいに洗って利用しました。「お代は？」と聞かれたので少し考え「400円でいかがでしょう」とやりとりしたのが、ピエトロドレッシング販売のはじまりでした。

その後、リピーターのお客さんから「ドレッシングをわけてほしい」というお申し出が2件、3件と続くようになりました。その多くがカップルやファミリーで来てくれた若い主婦です。お子さんではなく「このドレッシングだと野菜嫌いの夫が、野菜を食べてくれる」という方も結構おられましたね。

次第にドレッシングだけを買いに来店するお客さんも増えてきて、「さすがにワインの空き瓶では失礼なのでは？」と、キャップがオレンジ色の市販容器を用意したのが、1981年6月のこと。オープンからちょうど半年が過ぎたころでした。

## ドレッシングがひとり歩きをはじめた

業務用卸ならどこでも扱っている、オレンジ色のキャップがついた透明な容器。それだけでは味気ないということで、開店時に配ったチラシから店名の「洋麺屋ピエトロ」と書かれた部分を切り抜いて貼りました。

そのラベルには裏側に印刷してあった「クリームソース」というメニュー名が写りこんでいたため、勘違いして「クリームソースのドレッシングください」とおっしゃるお客さんがいらしたのも、ときどき思い出す笑い話です。

レストランの売上が少しずつ上向きになってきたのもそのころでした。

また、頭の痛い問題であったロッテリアフランチャイズを清算することが決まり、残った負債も、銀行との相談で返済計画の目処が立ちました。

ここでやっと、なんとかやっていけるのかもしれない、と一筋の希望が見えてきた。

ふりかえってみれば、スパゲティとドレッシングというふたつの車輪が揃い、やっとピエトロの物語が動き出したのが、この時期だったように思います。

やがてチラシの切り抜きではなく正式なラベルを用意し、常時、店のレジの横で販売するようになると、ドレッシングは自分たちのうかがい知れぬところでひとり歩きをはじめました。

遠方の方から手紙が届き、「おみやげでいただいておいしかったので、5000円で買えるだけ送ってください」と現金が同封されていたり、「うちの店でも扱いたいから卸してほしい」という他店のオーナーが現れたり。

いつの間にか「国内線の客室乗務員が、自腹で買う福岡みやげ」としてクチコミで広まっていたことを知るのは、だいぶあとになってからです。

## 作業テーブルをひっくり返した日

ドレッシングが売れるのはとても嬉しくありがたいことでしたが、ひとつ問題がありました。ドレッシングづくりはすべて手作業です。一度に大量につくれるものではなく、注文が多くなると、時間も人手も足りません。

創業当時のドレッシングとジャポネソース

オープンから1年過ぎ、私も九州鋼機でのサラリーマン生活を卒業して、完全にピエトロに専念していました。それでも体力には限界があります。

この当時のスケジュールは、朝11時から夜11時までレストラン営業、空いた時間にドレッシングをつくり、店を閉め帳簿をつけ終わってから、ドレッシングを容器に詰める毎日でした。

ドレッシングづくりの過程で存外に手間取ったのが、容器に詰める充塡作業です。

なにしろドレッシングは時間をおくとすぐに油分が分離してしまうので、調味料と具材が均等になるよう、かき混ぜながら容器に詰めなければなりません。この作業はひとりではできませんから、西川なり野口なりの誰かが漏斗を支え、私がドレッシングを流し込む。規定の量になったら「ストップ！」と声をかけてもらい、次の容器に移る。非常に地道な繰り返しでした。

ちなみにこの容器に詰める作業は、店からすぐ近くに借りていたアパートの一室で行っていました。もともと事務所代わりに借りていたのですが、開店当初は遅刻常習犯が多かったものですから、いざというときすぐに出勤できるよう、しばらく私が寝泊まりしていたこともあります。

何しろ一本一本、充塡までが手作業です。量産すればするだけ、遊ぶ時間はおろか、睡眠時間もなくなります。

あるとき寝不足の苛立ちとガマンの限界で、私はぷつっとキレて、まだ蓋をしていないドレッシングがずらりと並ぶテーブルを、わざとひっくり返したことがありました。

私は、商売に対しては誠実であろうと心がけていますが、坊主になるのが嫌で陸上をやめたときと気質は変わりません。「つらいことも我慢して、ひたすらコツコツ、歯を食いしばって……」というタイプではなく、働いたら、同じくらい遊びたい。ゴルフもしたいし映画も見たいし中洲にも繰り出したい。

なのになんで、休みなく延々とドレッシングをつくらなきゃいけないんだ！　と、イライラが爆発してしまったのです。

そのとき一緒に作業をしていた西川は、黙々とぞうきんで床にこぼれたドレッシングを拭き取ると、たんたんとひとりで作業を続けていました。その姿を見てさすがに反省し、このときは素直に謝って自分も作業を続けたのですが……。

大量注文などをいただくと、ありがたい反面、終わりの見えない単純作業にイライラすることはしょっちゅうでした。もし私ひとりだったら、きっとどこかで飽きて投げ出してしまったでしょう。あるいは、ビジネスパートナーが西川ではなく、私と同じように感情の起伏が大きいタイプだったら、落ち込んだときやカッとなったときに、事業としてとりかえしのつかない判断をしていたかもしれない。

よく我慢してついてきてくれたと、頭が上がりません。

## ドレッシングで事業を展開する

そんなある日、久山カントリーの行徳社長がひさしぶりに店を訪ねて来てくれました。

開口一番「相変わらず安普請やな」と笑われましたが、オープン直後よりも落ち着いて案内ができたため、サラダもスパゲティも「おいしいやないか」と褒めてくれたんですね。

嬉しくなった私は「手前味噌ですが、ドレッシングは店頭販売でも売れ行きがいいんですよ」と報告しました。

すると行徳社長は何かを考えるようにしばらく沈黙したあと、こう言いました。

「事業展開するなら、こっちじゃないか？」

よく意味がわからずにぽかんとしていた私に、行徳社長は続けます。

「事業をしたいと言っていたろう。スパゲティ屋を広げていくのもいいが、それはそれとして、ドレッシングを店以外に売りに出していったらどうだ」

当時は市販のドレッシング自体の数が少なく、レストランオリジナルのホームメイド・ドレッシングが商品になるとは思っていませんでした。しかも完全に手づくり、保存料無添加のチルド（生）タイプとなると、市場に流通しているものはなかったのではないでしょうか。だからこそ、福岡みやげとしての希少価値があったのだろうと思います。

行徳社長の言うとおり、ドレッシングであればレストランよりも投資額は少なく済みます。仕入れや売れ行きの変動も、年間通じてそう大きくはないはず。

スパゲティに感動したからこそのピエトロ開業ではありましたが、私の基本姿勢は一貫して「事業家」です。行徳社長のこのアドバイスにより、私はドレッシングの事業化について真剣に考えるようになりました。

ドレッシングをつくるための専門部隊を雇って、広い作業場を用意したら、大量生産とはいかないまでももっと多くの本数を見込めるでしょう。ドレッシングづくりであれば、料理よりもマニュアル化が容易かもしれないという胸算用もありました。

そうして先の展開が見えるようになって以降、徹夜でドレッシングづくりをしていても、イライラする頻度が少し減ったように思います。

「札束がバサッと入ってくるわけやないけれど、こうして一本一本をつくることで、チャリンチャリンと小銭の入ってくる音がするよ」

ときにはそんな冗談も言いながら、ひたすらスパゲティを茹で、ドレッシングをつくる日々が続いていきました。

## 「商いは主導権を握らんといかん」

そのころにはいくつかの食料品店、百貨店から、「うちで扱わせてほしい」と営業マンがやってきていました。

それまでは生産量が限られていることもあり、いっさいお断りしていましたが、事業として広げるなら、自分の店以外でもたくさん売ってもらわなければなりません。

ではどこに置いてもらうか。

これに関しては、事業化を考えた当初から決めていたことがありました。

「地域一番店にだけ置いてほしい」

人数を増やすといっても、手作業であることには変わりません。数が限られているのなら、もっとも注目度が高く、もっとも高級な店に置いてほしい。

天神周辺の一番店といえば、江戸時代に創業の呉服屋を前身に持つ老舗百貨店、岩田屋です。それを話すと、行徳社長は「言うことはわかるが」と前置きして、「商いは、最初にお願いに行ったら相手のペースで話が決まってしまうんよ」と続けました。

一番店が頭を下げて「売らせてくれ」と言っているならいい。そうではなく、こちらから「置かせてほしい」と頼むのは得策ではない。ビジネスの取引である以上、有利な条件で展開するには、最初にこちらが「売り手」として主導権を握らなければいけない、と。

このアドバイスは、のちのち全国展開するうえでも常に意識することになります。

ただし次の「スーパーでもどこでも、どんどん置いてもらったらいい」というアドバイスには、「いや、百貨店で売りたいです」と、珍しく反抗しました。

商売人として「一流」をめざしたい気持ちが強かったこともありますし、ブランドとしても、自分の店と百貨店でしか買えないドレッシングという付加価値をつけたかったんですね。

行徳社長は「まったく、どうしようもないことにこだわる、ばかなやつだ」と言いながら、珍しく頑固な私を見て、結果的には見守ってくれました。

そしてまず、最初にお話を持ちかけてきてくれた博多大丸での販売を開始しました。店頭販売から2年後の、1983年10月のことです。

当初は月に4、5本しか売れませんでしたが、行徳社長の言うとおり、掛け率をはじめとする博多大丸との交渉はこちらの希望どおりに進めることができました。

このころから私はさらなるドレッシング事業の本格化に備え、厨房を徐々に野口に任せるようになりました。

私は厨房を出て、いよいよピエトロ号で全国・海外という大海原へ漕ぎだす準備をはじめることになるのです。

## 「自腹を切って、自分で持っていくから伝わるんだ」

行徳社長はその後も、ドレッシングを事業化するにあたり非常に親身になって力添えをしてくれました。

行徳社長はゴルフ場の経営をはじめるはるか前の若いころ、苦労して果物屋をされていた経験があったそうです。そのときの自分と私の姿がときおり重なるといって、ほんとうにずっと応援してくださいました。

それは精神的な面だけではありません。たとえば出張で全国をまわる忙しい方ですが、どこへ行くにもピエトロドレッシングを持っていって宣伝してくれた。あるときは60本を自腹で注文してくださり、それを福岡みやげとしてボストンバッグに詰め、知り合いに手渡しで配ってくれたこともありました。

さすがに量が量ですから、そのときは思わず「とてもありがたいですが、それは大変ですよ。どうか無理をしないでください」と言いました。

しかし行徳社長は「なにを言うとる。こうして自腹を切って、自分の手で持っていくから伝わるんだ」と言って、重たいボストンバッグを抱えて飛行機に乗っていかれました。

東京の日本橋三越での販売が決まったのも、行徳社長のおかげです。

ある夜のこと、行徳社長のもとへ、当時三越の営業本部長をされていた常務が訪れました。行徳社長から電話で「野菜とドレッシングを持ってきて」と注文されて出前に行くと、客人である三越常務はあまりいい顔をしていません。

聞くと野菜嫌いで、もう10年は生野菜を食べていないのだそうです。

しかし行徳社長は「まあまあ」となだめ、常務にドレッシングのかかったサラダを勧めます。しぶしぶサラダを口にした常務は、ひとくち食べて「これは」と驚き、完食してくれました。

これはさすがに誇らしかったですね。

すると翌日の午前中、いきなり三越本社から若手社員が4人もやってきました。

さすが大手の会社はスピードが速いなと感心しているうちに、原材料、成分、1本あたりの容量の誤差、工場（まだアパートの一室でしたが）の様子、設備などなど、微に入り細に入り質問責めにされ、すぐに答えられないものは大至急、調査を入れました。

そもそも手作業でやっていますから、きちんと量っているつもりでも、容量に誤差はあるはずです。しかしそれがどの程度なのか、正確に検証したことはありませんでした。

そうしてすべての質問をクリアにして、福岡から東京までの流通経路を整え、博多大丸での販売開始から5ヶ月後の1984年3月、日本橋三越でも販売がはじまったのです。

ただし日本橋三越では当初、まったく販売はふるいませんでした。地元ではかなり知名度をあげてきたピエトロですが、東京ではほとんど知られていない無名のメーカーにすぎません。しかもほかのメーカーのドレッシングも、さほど売れているわけではないと担当者から聞かされました。

けれど、私にとっては売れなくても構いませんでした。

日本橋三越といえば、地域一番店どころか、全国的な有名店です。そこで取り扱いがある。その事実こそがたいせつなのですから。

行徳社長に感謝しつつ、嬉々としてパンフレットに「取扱・日本橋三越」と説明を加えたときは、顔がにやけていたかもしれません。

日本橋三越に続いて、2ヶ月後の5月には、念願だった天神岩田屋にも置いてもらうことになりました。

## 爆発的ヒットのきっかけとなった、はじめてのテレビ出演

日本橋三越ではほとんど売れないままでしたが、野菜嫌いの常務が気をまわしてくれたのか、半年ほどしたころに販促部からテレビショッピング出演の声がかかりました。

現在も『L4 YOU!』と名称を変えて続いている、主婦層をメインターゲットにしたテレビ東京の三越一社提供番組枠。番組司会を務める故・高崎一郎さんのリードで、三越取扱商品をメーカーが説明するコーナーでした。

せっかく声をかけていただいたのですからやってみようと指定されるがままに上京し、テレビ局へ。

しかし控室へ行くと、すでに常連となっている出演者の方から「そんなに期待できるものじゃないからね。10本1セットなら、100セットもいけば御の字だと思っていたほうがいいよ」といきなり希望のない言葉をかけられました。

まあ私としても当時はテレビの効果など知る由もなく、まったく期待はしていませんでした。やってみようと思ったのは、せっかく声をかけてもらったのだから、という気持ちと、ちょっとした好奇心です。

そもそも、当時は多くても月に1500本程度の生産量でした。もしテレビショッピングだ

けで10本セットが100も売れるなら十分すぎる宣伝効果ですし、パートさんを増やさなきゃいけないなあと、のんきに考えていました。

予定通りにピエトロドレッシングのPRを終え福岡へ戻ったところ、同じ日にあった岩田屋のイベントで、700本の注文が入っていたことを知らされました。「それはすごいね」とにこにこ報告を聞いていると、続けて、三越の担当者から「940の注文が来た」と伝言があったことを聞かされます。

私はとっさに、940本だと思いました。10本が94セット。それなら、控室で言われた数字ともほぼ同じくらいですから。

それに「940セット」といったら9400本です。ケタが違いすぎる。

そこでビビってバカにされてはいかん、と思いながら、直接三越の担当者へお礼がてらさりげなく確認の電話をかけると、やはり940本ではなく、9400本。しかも納期は1週間ときかされ、電話を切った途端に叫びました。

「急いで材料の発注！　悪いが、みんな今日から徹夜で仕込みぞ！」

テレビショッピング分が9400本、岩田屋イベント分の700本、通常業務の1500本。当時は社員が4、5人、パートさんを含めて10人弱の体制でしたが、臨時の手伝いにも来てもらい、ほんとうに1週間徹夜の状態でなんとか乗り切ることができました。

非常に大変な作業ではありましたが、この注文を受けたことで、一気に全国展開の布石を打つことになったのです。

## ついに専門のドレッシング工場を竣工

1986年6月には東京営業所を港区南青山に、7月には札幌支店（現・札幌営業所）を札幌市豊平区に開設し、首都圏および、北海道地区でのドレッシング販売を開始しました。

このころのドレッシングづくりは、現在の本社のすぐ近くにあるお寺の境内に場所を借りていました。最初に使っていたアパートの一室は、深夜まで作業をしていてうるさいうえ、部屋に置ききれない油の缶や酢の瓶などを非常階段に出していたことがバレて、追い出されてしまったのです。

お寺の境内は広くて良かったのですが、冷暖房がありません。これがなかなか大変で、はじめての冬は寒さで油が固まってしまい、うまく調合できずに苦労しました。仕方なく石油ストーブの前に一斗缶を置き、固まらないように温めながら調合し、温度が変わらないうちにすばやく容器に詰めるという、新たな技術も必要となったくらいです。

36リットルの寸胴鍋で、118本のドレッシングができます。一度に3つの寸胴鍋でドレッシングをつくり、容器に詰め終わったら、また同じ寸胴でドレッシングづくりをする。この工程を2回繰り返して、だいたい1日に708本つくるのが基本のノルマでした。

1988年1月には福岡市中央区薬院に本社ビルを竣工し、前後して、西鉄薬院駅近くに小さなビルを借りて、少し機械化されたドレッシング工場を造りました。やや本格的に、専門のスタッフもかなり増やしました。

それでも生産量はまだ、平均して月に1万5000本程度だったでしょうか。

しかし4月に大阪営業所を大阪市東区に開設、関西地区でのドレッシング販売を本格化すると一気に生産本数は跳ね上がり、翌1989年には年間約670万本にまで成長しました。

そのころには、ドレッシングづくり専任のパートさんの数も増やしていました。それでもお中元やお歳暮の時期には朝7時半から夜中まで稼働を余儀なくされるほどの急成長ぶりでした。

そして翌1990年5月、オープン10周年を目前にして、ドレッシング製造工場（現・古賀第一工場）を竣工します。

ここで一気に生産力があがり、本格稼働して数年で、年間の生産本数が1000万本を超えるようになるのです。

## ピエトロの工場は大きな厨房

「工場の竣工で生産本数が急増した」というと、完全に機械化した大工場を想像される方が多いのですが、ピエトロの工場は、手作業をしているスタッフがとても多い、厨房のような工場です。

素材を運んだり、ドレッシングを容器に詰めたりする生産ラインには機械を入れていますが、野菜のカットや調合など、味に関わる部分では相変わらず寸胴鍋を使っているんですよ。これはいまでも変わりません。

たとえば、1日に約5トン使うたまねぎは、納入する際に薄皮だけは取り除いてもらいますが、水分の蒸発を防ぐためにへたと根の部分は切り落とさないまま工場に運び込まれます。山のように積まれたたまねぎは4人がかりでひとつひとつ、へたと根を切り取り、2等分に。この時点で内部に傷みのあるものは除外してから、半分のたまねぎをさらに5〜6等分にして、みじん切り用のカッターへ。

さらに搾汁機にかけてゆるくたまねぎジュースを搾るところは機械がやりますが、これも私がメーカーでたまねぎの手搾りを実演して、何度も何度も改良してもらって完成したピエトロオリジナルの搾汁機です。

たまねぎ以外の黒オリーブや赤ピーマンといった食材も、内部の確認を兼ねてすべて工場内で刻んで水洗いをしています。にんにく、しょうがも工場内でその日にすったものだけを使っています。

たまねぎはみじん切りにして、にんにくやしょうがはペーストで納入してもらうというやり方をすれば、ずっと手間がかかりません。製造部のスタッフが涙を流しながらたまねぎを切らなくても、いまは便利な代行業者がたくさんあります。
しかしそれでは、ピエトロの味にはならないのです。

寸胴鍋

## 「味を変えないようにおいしくする」

野菜も季節によって味が変わりますから、年間通じて変わらない味をお届けするために、とくにたまねぎは日本各地、ときには海外の産地へ赴き、生でかじって味を確かめる日々が続きました。

辛いし、涙も出る。

しかしこの経験のおかげで、私は生たまねぎの味の違いがわかる男になりましたね。

はじめは淡路産のたまねぎを使用していましたが、生産量が増えるに従い、一ヶ所だけでは賄えなくなってきました。新たまねぎは水分が多くなるなど、季節ごとの成分の変動もあります。土や栽培方法、微妙な天候の違いでも、たまねぎの味はだいぶ変わります。

すべて私が手づくりするなら、ほかの素材とのバランスで調整できますが、工場ではそうはいきません。現在はおもに北海道産と九州産をベースに、季節ごとにもっともドレッシングづくりに最適なたまねぎを選んで仕入れています。

最初はそれでも、いつもの味にならなくて苦労しました。なぜかおいしくない、なぜだろうと検証した結果、ドレッシングを容器に詰めるまでにパイプを通る際に、外気によって温度が2度ほどあがっていたんです。そこでパイプに発泡スチロールを巻いて、もう一度、つくりなおして……とその繰り返し。

こうして試行錯誤を重ねながら、なんとかみなさんに認めていただき、外から見ればトントン拍子に広がっていったドレッシングのことを、私はずっと、天からの贈り物だと思っています。

私にとっては、ドレッシングだけが特別だったわけではありません。ほかのどのメニューひとつとっても、それこそダシや、ほかのソースにしても、同じように手間ひまかけてつくっていますし、むしろ「オレンジキャップ」を超えるものをつくらなければいけないとずっと思いながらいまもやっています。

それでも、なかなか同じようなベストセラーとなるものは生まれません。

だからこそ、自分の努力だけではなく、見えないフォローの風を受けていることに感謝して、この味を守っていくことは使命だとも感じています。

製造部の若いスタッフが先日、「来る日も来る日もたまねぎカットであふれる涙と闘っていますが、涙の分だけおいしくなる、お客様に感動していただけると信じて、業務を続けています」と言っていました。

それを聞いたときは、「一軒のレストラン」からスタートしたピエトロの魂をきちんと受け継いでくれているのだなと、とても頼もしく感じたものです。


「おまえんとこのドレッシングは、味がせん！」


ところで、ピエトロのドレッシングをおいしく召し上がっていただくには、ちょっとしたコツがあります。ボトルを上下にではなく、左右によく振ってください。すると上下に力いっぱい振ったときよりも油分と味液がよく混ざり、再び分離するまでのスピードがゆるやかになるのです。ぜひ一度お試しを。

試食販売やホームページ上でも説明しているこのドレッシングの混ぜ方のコツですが、創業当時は、混ぜないでサラダにかけてしまうお客様も少数ではありますがいらっしゃいました。

あるとき店じまいをしていると、怒った男性からクレームの電話がかかってきました。

「おまえんとこのドレッシングは、味がせん！」

住所を伺うと、幸い店から遠く離れていない場所です。つくりたてのドレッシングを持ってすぐさまタクシーに乗り込み、その方の自宅へ向かうと、ドアを開けてくれたのはなんと、腕にびっしりと刺青の入ったコワモテの男性でした。

状態を確認すると、どうやらその方は、ドレッシングを混ぜずに、油分と味液が分離した状態でサラダにかけていたようです。つまりサラダには、味のついていない油だけしか、かかっていなかったんですね。

営業スマイルは保ちつつ、おそるおそる「振ってから、かけていただきましたか？」と確認すると「あ？　なんだそういうもんなのか」とあっさり解決。

「そりゃ、こっちの勘違いでわざわざ来てもらって悪かったな。茶でも飲んでいったらいい」と言われましたが、刺青の迫力に押され「いえいえ、これからもピエトロのご愛用をよろしくお願いいたします！！」と新しいドレッシングを置いて、大急ぎで失礼した思い出があります。

また別の機会ですが、創業店の内装を手がけてくれた野田と一緒に酒を飲んでいたあるとき、こんなことを言われたことがありました。

「そういえば、叔母が『ピエトロのドレッシングにほこりみたいなものが入ってた』と言ってたなあ」

当時珍しかった生タイプのドレッシングであり、たまねぎのみじん切りや黒オリーブ、赤ピーマンを刻んだもの、あるいは調味料など、沈殿物の多い商品です。それを野田の叔母さんのように、疑問に思う方も珍しくはありませんでした。

また野田としても、ほろ酔い状態でふと思い出した、他意のない言葉だったのでしょう。当然、弁明してくれているだろうともわかっています。

それでも私は、少し酔いを覚ましてから野田に頼み込み、その足で叔母さんの元へ連れて行ってもらって、つくり方を一から説明させていただきました。

ほこりに見えるものは手づくり特有の沈殿物であって、まったく問題はないのだと、きちんと理解してほしかったのです。

こうした誤解は現在でも、起こります。誤解はできたらその場で、それが無理でも極力早く解決しなければなりません。

## クレームは関係を深めるチャンス

ちなみに現在のドレッシング出荷量は年間約2000万本となっていますが、事故率が約3パーセント報告されています。

「味がおかしい」といって送られてくるドレッシングはすぐに成分分析します。数値的に問題がなくとも、売り場を確認したところ、ピエトロのドレッシングが置かれた棚にだけ、常時スポットライトが当てられて温度が高くなっていたということもありました。

何か「おかしい」と思われたら、とにかく原因を究明することが第一。数値的な異常はないため真偽はわからないのですが、きっと数値に現れない程度の変質が起きていたという仮説を立てて、そのときは売り場に相談してスポットライトをやめてもらいました。

お客様には、その結果の報告と、お詫びの手紙を書きます。

また別のあるとき、百貨店向けのギフトに入れたパスタソースに不良品が入っていたことがありました。幸いお客様の手元に渡る前に発見されたのですが、そのときは全国の売り場へ即日営業担当者が飛んでいき、誠心誠意、謝罪しました。

次のシーズン、もうギフト商品として扱ってはもらえないだろうと覚悟をしていたのですが、その対応を汲んでくださって、いまも変わりなくおつきあいをしていただいています。そして同じミスはその後20年間、一度も起きていませんし、起こしません。

私は昔もいまも、苦情はお客様との関係を深めるチャンスだと捉えています。いつも通っていた店の味が「なんだかおかしくなったな？」と思ったら、行かなくなるのがふつうでしょう。わざわざ文句を言ってくれるうちはありがたく思い、なんとしても期待に応えなければなりません。

2000万本のうち3パーセントは仕方がないと考える人もいるでしょうが、私はやはりゼロを目指さなければならないと思っています。

そのためには「目の前のお客さんひとりひとりに誠意を尽くす」という、最初の気持ちを持ち続けることがたいせつなのだろうと、改めて考える今日このごろです。

# 第5章 *capitolo5*

# ピエトロ流ブランディング

ドレッシングがひとり歩きをはじめるなか、レストランも2店目、3店目、そして、フランチャイズと広がっていきます。

バブル景気の追い風もあって、勢いづくピエトロ。

大量生産に移行するなかで「らしさ」をキープできたのは、〝ピエトロスピリッツ〟を何よりたいせつにしていたからです。

## 「2」が大事

ドレッシングの話に夢中になってしまいましたが、少し話を戻しましょう。

三越テレビショッピングでドレッシングが9400本売れた1984年前後には、レストラン事業でも大きな動きがありました。

7月に2店舗目となるピエトロ中洲店がオープン。続けて11月に3店舗目の博多駅店、翌1985年10月には北九州市に小倉店を出店することが決まったのです。

私は「2」という数字をとてもたいせつにしています。

それは、まだお客さんが少なかったとき、「このお客さんにもう一度『おいしい』と言ってもらうには、どうしたらいいだろう」「もう一度来てもらうには?」と、そればかり考えていたから。

1回目は「新しく店ができたらしい。行ってみようか」と、興味だけでも来てくれるひとがいるでしょう。しかし2回目以降はハードルがあがります。同じことをしているだけではすぐに飽きられてしまいます。

出店に関しても同様です。

事業として展開していく以上、店舗数を増やすことははじめから念頭に置いていました。

また1年目は非常に苦しかったものの、2年目を迎えるころには、「若い女性の行列ができる店」として評判をいただき、36席だった席はお客さんに詰めてもらうかたちで40席まで拡張して営業していました。

しかしこれは、1年目の苦労を知っているスタッフの努力や、ホールの監督を務めた西川の、心を尽くした接客があってこその結果であって、ほかの店で同じことができるかどうか。そう思うと、なかなか判断がつかなかったのです。

同じメニューを、自分抜きで再現できるかという点でも、簡単に合格点は出せません。パスタの茹で加減ひとつとっても、ただ茹でるなら誰でも同じと思うでしょう。そうではないんですね。

スパゲティの麺は本来、お湯のなかでクルクルとまわすことでおいしさが出てきます。店では大きな鍋に一人前ずつ湯切りのテボに入れて茹でるのですが、このとき、狭いテボのなかでいかに麺を泳がすかにコツがいります。

さらに注文が入ってきて新しい麺を追加すれば、その都度、お湯の温度は変わります。そのときに温度を変えないように瞬間的に火を強めたり、鍋の中でテボの位置を変えたり、あるいは茹で時間をほんの数秒調整するといったテクニックで、時間がたっても芯まで温かく茹で上がるのです。

このタイミングは言葉で説明するのは難しく、経験と感覚で覚えていくしかない。2店舗目を出店したところで、同じことができるのかどうか、どうも自信を持てなかったのですね。

仮に1軒目で100点をとれたとしても、2軒目が70点なら、ブランドのイメージは平均値の85点に下がります。もし3軒目も70点だったら、平均値は70点台まで下がってしまう……。

せっかく広まりつつあるピエトロのブランドを盤石なものにするためには、2軒目を出店してクオリティを下げるわけにはいきません。むしろ2軒目も3軒目も100点を維持できなければ、出してはいけないと思っていました。

その覚悟と準備がやっと整ったのが、オープンから3年半がたった、1984年のことだったのです。

## すべての店舗をスペシャリティストアに

しばらくの間、私はほぼ毎日、天神、中洲、博多、小倉の4つのピエトロ店舗を順に見まわりしていました。

お客さんの入り具合、店の雰囲気、スタッフの態度、スパゲティの茹で加減、ソースの味……とひと通りチェックして、忙しい時間帯には厨房に入ることもありました。

また、毎月の給料日にはそれぞれの店舗へ行って、ひとりひとりの従業員に給料袋を手渡しするようにしていました。ふだん一対一で話す機会がない分、その時間は貴重です。何か気になることがないかと尋ね、とくになくても、表情を見れば元気かどうかわかります。

厨房を出ても相変わらず忙しい日々ではありましたが、なかなかうまくまわっていると思っていました。

ところが、半年ほどしたころからでしょうか。

だんだんと、小倉店の雰囲気が変わってきました。看板もメニューもたしかにピエトロなのですが、どうもそれ以上に、店長の個性が強く出てきはじめたのです。

天神1号店から自動車ですぐにまわれる中洲店、博多店と違い、1店だけ離れた小倉店は、新幹線で20分かかる距離でした。できるだけ見まわりに行ったつもりではありますが、ほかの店舗に比べればどうしても頻度は低くなりますし、長時間の滞在もできません。

何度か店長と話をしたのですが、あまり改善されるようにも思えず。

そしてある日、いつものように店に入った瞬間、違和感を強く感じました。

「ここは、洋麺屋ピエトロではないな」

結果としてスタッフの入れ替えなどの大きなテコ入れをすることになるのですが、これはこの先、店舗を拡大していくうえで、必ずついてまわる問題だと考えました。遠方に店を出すことになったら、頻繁に足を運ぶことはさらに難しくなります。

そこで私は、直営店は自分の目の届く範囲内に限定することに決めました。

そしてすべての店舗でまったく同じ雰囲気を目指すのではなく、それぞれの店舗ごとにコンセプトを変える、いわゆるスペシャリティストアにしていくことにしたのです。

具体的には、『洋麺屋ピエトロ』は、そのまま1号店の雰囲気を継承する店。『ピエトロコルテ』は、地中海沿岸の町にある小さな広場のイメージ。そのほかの『ピエトロ』各店も、立地や客層に合わせてコンセプトやイメージをそれぞれ変えています。

## 30軒の親戚をつくろう

直営店以外は、フランチャイズでやっていくことにしました。

現在のピエトロには、ふたつのフランチャイズ形式があります。

1998年からスタートした「ピエトロ・バルコーネ・フランチャイズシステム」は、一般的なフランチャイズのイメージに近いでしょう。

およそ2年の開発期間を経て、伊藤忠商事とのコラボレーションで新たな調理システムとレストラン向けのロジスティクスを開発。「全国どこでも、誰にでもピエトロの味を再現できるシステム」を考案し、レストラン、ドレッシングに続く第3の事業として、企業向けに提供しているものです。

もうひとつが、個人経営者に向けたフランチャイズ。こちらはあくまでも創業当時の『洋麺屋ピエトロ』の看板を背負ってくれる人物にだけ、個人的に暖簾をわけていくやり方です。

じつのところ、直営店ですら躊躇するほどですから、フランチャイズについてはなおのこと積極的にはなれませんでした。

ピエトロに惚れてくださり、「自分もピエトロをやりたい」と言われても、看板を任せる以上は、私と同じ志でやってくれるオーナーでなければ困るのです。ピエトロの魂をたいせつにしてくれたうえで、その人なりのピエトロ物語を紡いでいってくれる相手にしか看板を預けることはできません。

それほど慎重だった私がはじめて暖簾分けしたフランチャイズ店舗は、1986年2月にオープンした久留米店でした。

オーナーとなったのは、天神店で私がスパゲティを茹でていたころから店に通ってくれた常連夫婦です。法事の引き出物にピエトロドレッシングを包むほどのピエトロファンで、まだフランチャイズなど考えられないころから「私たちも夫婦でピエトロのような店をやりたい」と言ってくれていました。

聞くと、なんと久留米の老舗家具屋の養子夫婦だといいます。養子でありながら勝手に飲食店経営などしたら勘当されるのではないかとこちらがヒヤヒヤしてしまいましたが、それでも決意は変わらないという。そこまでの覚悟があるのなら……と、根負けするかたちで看板を預けることを決めました。

彼らがお店の候補として提示してきた物件は、久留米の中心から少し外れた場所でした。正直なところ繁盛するとは思えず「いざとなったら自分たちが買い取ってやっていくしかないな……」とも思っていましたね。

ところが蓋を開けてみると、オープン当初から予想を上回る売上をたたき出し、見事に好調なスタートを切ることに。

このご夫婦は毎月わざわざ本社までやってきて、「おかげさまで」と売上報告書とロイヤリティを現金で持ってこられました。私はこのご夫婦の姿を見て、ピエトロのフランチャイズシステムは親戚づくりであると考えるようになりました。

真剣にピエトロをやってくれる親戚を、30軒もつくれたらいい。そんな思いが、フランチャイズの原点になっています。

そこにはひとりっ子だった私の、大家族への憧れのようなものも、あったのかもしれません。

## フランチャイジーに必要な覚悟

久留米店に続き、フランチャイズ第2号の鹿児島店が半年後の1986年8月に、10月には3号店の熊本店が開店。

どのフランチャイズオーナーも「どうしてもピエトロをやりたい」という熱意のある方ばかりでした。

とはいえ、なかにはお断りした方もたくさんいます。お断りした回数のほうが多いかもしれません。

現在も継続してつきあいのある鳥取県にある米子店のオーナーも、じつを言うと何度も申し込みをお断りしてきました。熱意はありがたかったのですが、鳥取県は遠い。何かあったときに責任を取れないのが不安だったのです。

ところが断っても断っても「山陰にピエトロの味を広めるのが自分の使命だと思う」といって諦めない。最終的には米子市長に「この男は信頼できますからご検討を」という推薦の手紙まで書いてもらってやってくるほどの根性でした。

そこまでしてもらえたら、さすがに断りきれません。どうだろうかなあと思いながら看板を渡すと、心配は杞憂に終わりました。

すでに奥さんが2代目オーナーとして跡を継いでいますが、島根県の松江にも店舗を広げて、現在もピエトロの味を継承してくれています。

しかし、うまくいかなかったところもやはりあります。

勝手にオリジナルメニューをつくりだしたので看板を返してもらったこともありますし、「開店前はオーナー自ら、試食券を持って近所に挨拶にまわってほしい」といった約束事を守ってくれず、ほかのノウハウにも耳をかさず、売上が低迷したまま閉店した店もありました。

また、ピエトロのフランチャイジーをやめて独立したものの、うまくいかずに「もう一度ピエトロをやらせてください」と泣きついてきたオーナーもいます。

彼ははじめのうちはまじめにピエトロの味を受け継いでくれていたのですが、あるときから、フランチャイジーでロイヤリティを支払い続けるよりも、自分がオリジナルの看板をつくったほうがいいと考えたようです。私自身もフランチャイジー経験がありますから、その気持ちはわかります。快く送り出し、実際に彼はしばらくはうまくやっていました。外車に乗って羽振りよくやっているという話も聞いたのですが、数年たち、遊びが過ぎたのか、破綻してしまった。

これはあとから業者さんを通じて聞いた噂ですが、ピエトロの看板の持ち主である私が派手な自動車に乗り、しょっちゅうゴルフをして悠々自適に遊んでいるように見え、真似をしたくなったらしいと聞きました。

私はよほどの仲にならなければ苦労話などしません。修業中に自分より年下の先輩に蹴られたことも、皿洗いで手が荒れていたことも、フランチャイズに失敗して借金を背負ったことも、円形脱毛症になったことも、徹夜でドレッシングをつくっていたことも彼は知らなかった。理想的な表面だけを見て、憧れて真似して、失敗してしまった。

泣きつかれたときに私は、はっきりとお断りしました。「ピエトロは先発完投型であって、リリーフはしません」と。

冷たいようですが、そこはシビアです。親戚ではあるけれど、店を任せた以上はオーナーが責任者。私は自分の失敗した経験からできるかぎりのアドバイスはします。けれども、自らファミリーを抜けていき、うまくいかないからといってすぐ出戻ってくるような相手に、自分が育てたたいせつな看板を預けるわけにはいかない。

そうしてピエトロの看板を守ることが、ピエトロへ来てくれるお客さんへのけじめであり、多くのファミリーを預かる私の責任だと思っているからです。

## よかトピアで泥船が木の船に

「社長。私が入社したばかりのころに『いまは泥船でいつ沈むかわからないピエトロやけど、沈まない木製の船、いつか鉄製の船にしようやないか』っておっしゃったこと、覚えていますか」

創業当時からいる料理人の野口は、30年以上たったいまでもそんなことを言います。「その言葉で、社長に一生ついていこうと決めました」などと続けるものですから気恥ずかしく「そんなのよう覚えておらん」としらんぷりをしていますが、ほんとうは覚えています。

野口が入社してきたのはピエトロ創業から半年たったころ。創業時の料理長の紹介で入ってきたのですが、前述のとおり本格的な料理経験はなく、喫茶店で賄いをつくっていた程度でした。

よかトピア観覧車

しかし入社しばらくして当時のチーフが退職することになり、入ったばかりの野口をひとまずチーフに任命することになったのです。

自信がない、ともごもご言っている野口に「一流ホテルでもスープづくりだけを専門にしてメシを食ってる料理人がおる。うちはスパゲティ屋だから、スパゲティだけ極めればいい!」と叱咤激励し、「いまは泥船でいつ沈むかわからないピエトロやけど……」と続けたのです。まさか35年も覚えているとは思いもよりませんでしたが。

「やっと、木の船になれたかもしれない」

そう思えたのは、1989年3月から9月にかけて福岡市百《もも》道《ち》浜《はま》で行われたアジア太平洋博覧会・通称「よかトピア」での出店をやり遂げたときでした。

日本全国、アジア各国からの来場者を700万人見込んだ大きなイベントです。天神でも再開発ラッシュが起こり、ソラリアプラザ、イムズなどの大型商業施設が立て続けに開業しました。

ピエトロも創業10周年を前に「よかトピア」の大きな波に乗るべく、3月から4月にかけて、百道浜の博覧会会場のよかトピア店、ソラリアプラザ店、イムズ店の直営3店舗を同時オープン。さらに3店舗のフランチャイズ店舗を一斉にオープンしたのです。

この年の合言葉は、「１９８９年を、記憶と記録の年にしよう！」でした。

博覧会の来訪者にピエトロを「記憶」してもらい、いままでにない売上の「記録」に挑戦する。

よかトピア店外観

その目標に向けて、社員一同、フランチャイズのファミリーも一丸となってこの1年に挑みました。

この経験はほんとうに大きかった。急な拡大で休む間もないほどでしたが、ともに乗り越えた社員・パート全員、かなりの自信がついたように思います。

最終的に約半年の期間中、直営レストランの顧客動員数は延べ13万２０００人。よかトピア店では日商３５０万という、ケタ違いの売上記録を樹立することになりました。

この追い風を受けて勢いがつき、１９９２年には海外第1号店である「アンジェロピエトロホノルル店」、1993年には関東第1号店の渋谷店がオープンします。

天神本店の創業のときに「レセプションなんぞするな」とアドバイスをくれた行徳社長ですが、ハワイ店のオープニングセレモニーにご夫婦で招待したときは「ずいぶん孝行してくれたなあ」と喜んでくださった。それも感無量でありました。

## 好調なときほど体勢を立て直す

全従業員が集まって祝った創立10周年記念日。

よく10年もったなあ、と感慨にふけるなか、社員たちがサプライズで歌ってくれた石原裕次郎の『勇者たち』を私は一生忘れないでしょう。

『勇者たち』は私のとても好きな歌のひとつです。思うようにいかず落ち込んだときも、「生命《いのち》がある　勇気がある　夢がある」という歌詞によく力づけられていました。

そんな想いを知っている古株の社員たちが企画して、こっそりと歌を練習してくれていたんです。その気持ちを思うと、さすがに目頭が熱くなりました。

10年という節目は、がむしゃらに走ってきた道のりで、はじめて立ち止まるいい機会でもありました。

とくに社内組織や人事編成に関して見直しをするには良い機会です。それまではとにかく人員確保が第一で、知人の紹介やツテをたどって人材をかき集めていた感がありました。そうすることで長年勤めてくれた、大変な時期をともに乗り越えた社員とはファミリーのように強い結束力が芽生えていた一方、急成長にともない人が増えたため、予想外のトラブルが発生するようにもなっていたのです。

たとえば1990年5月には、前章でお話しした通り、古賀のドレッシング工場が開業しました。ドレッシングの生産量は大幅にあがり、売上もどんどんあがっていく。このころは営業担当を希望する社員が後を絶ちませんでした。なにしろ、何もしなくても売上があがりますし、むしろ「うちにもっと置いてください」と取引先からお願いされるほどなのです。

いまピエトロが「接待交際絶対禁止」と厳しく言っているのは、このころに調子に乗って、トラブルを起こして辞めていった営業マンがいたからです。

また私の目の行き届かない支社や営業所では、盗難や横領などのトラブル報告もあがってきていました。

ある支社で金銭の不正が発覚したときは、経営者として偉そうなことは言えないと反省したものです。

どんなつもりで不正を働いたのかはわかりません。けれど明るみに出た時点で、その人間はピエトロを辞めてもらうことになる。そして本人はおそらく一生、どこか後ろめたい気持ちを持ち続けなければならない。

その残念な出来事は、不正が起きないような仕組みをつくれていなかった、リーダーである自分の責任でもあるのです。

そういった反省をふまえ、10周年を機に若干、経営に対する考え方を方向転換することにしました。

これまではとにかく今日・明日のことだけを考えてきたけれど、この先は多少成長を抑えてでも、組織の整備に力を入れよう。そして次の10年、20年を支えてくれる人材を集め、人事体制も整えていこう、と。

そして社内体制強化のためにはじめて社外のコンサルタントに企業診断レポートを依頼し、組織としての強み、弱みを客観的に見るようになったのです。

## コピー商品対策で、量販店でも販売をスタート

ところが。ピエトロ開店から10年が過ぎて、基盤を見直す余裕も少し出てきたとたん、「ついにうちもここまでか」とキモを冷やす出来事が起こりました。

1993年8月。スーパーのダイエーが、ピエトロドレッシングのコピー商品「ベジタプラス野菜たっぷりドレッシング」というプライベートブランド商品を、大々的に発売したのです。コピーであることを隠しもせず、売り場には「比べてください味と値段」と書かれた大きな

ポスターが掲げられています。味も見た目もそっくりで価格はピエトロのおよそ半額。試食してみると、私はもちろん味の違いに気がつきますが、一般のユーザーであればわからないくらいよく真似ていました。

いくら認知度があがってきたとはいえ、天下のダイエーに本気でつぶしにかかられたらひとたまりもありません。実際に発売当初は大々的な店頭キャンペーンを行っていたため、売れ行きも上々のようです。

表向きは「大した問題にはならん」と平気なふりをしていましたが、ダイエーの売り場を社員にチェックさせつつ、戦々恐々とした日々が続きました。

じつはこの年の春ごろから、月に一度、ダイエーの役員さんがあいさつにきていました。なんでも会長夫人がピエトロのドレッシングを愛好してくださっていて「なぜうち（ダイエー）には扱いがないの？」と何度となくもらしていたのだとか。

会長夫人のリクエストとあっては、役員たちも何もしないわけにはいかず、百貨店以外には置かないというピエトロの方針は承知された上でいらっしゃいました。3ヶ月ほどいらっしゃいましたが、「置かせてほしい」といった交渉は一度もありませんでした。ただ、コーヒーを飲み四方山話をしてお帰りになっていました。

「ベジタプラス野菜たっぷりドレッシング」の発売は、そういえばダイエーの人が来なくなったな、と思っていた矢先の出来事でした。

また、コピー商品に対抗するべく、安い原料を使った低価格商品の開発を進める一方、いざとなったら法的手段に訴えることも考えました。

しかし幸い、ピエトロドレッシングの売上には影響はなく、「ベジタプラス野菜たっぷりドレッシング」の売れ行きも次第にスピードダウン。ほっと胸をなでおろし、また、納得のいかない低価格商品を流通させることもなく済んだのでした。

とはいえこの衝撃的な事件は、これまでのドレッシングの販売方針を大きく変えるきっかけとなります。

「ベジタプラス野菜たっぷりドレッシング」の前にも、コピー商品は何度も登場していました。身近に手に入る原材料を使ったホームメイドの味ですから、簡単にコピーできると思われるのも当然かもしれません。

それでも、大量生産で同じ味が出せるところはほかにないと自信があります。

工場とはいえほとんどの工程が人間の手作業ですし、前章でお伝えしたように、機械を使っているたまねぎの搾汁や容器への充填用機械も、メーカーに掛け合い、ときにはその場でドレッシングをつくりながら説明し、何度も改良を重ねて実現したものです。

ただこのときもピエトロドレッシングは、レストランの店頭と百貨店でしか販売していませんでした。入手経路が限られることから、「量販店でコピー商品を間違って買ってしまった」というお客さんの声もちらほら耳に入ってきていた。

味は真似できない！　と思っていても、ボトル、ラベルの似通ったコピー商品が量販店では幾度となく出回っていました。

この危機を乗り越えたところで、また同様のことが起こるのです。

これはピエトロにとって大きな脅威でした。

このまま放っておけば、お客さんも手に入りやすいコピー商品を選ぶにちがいないのです。そして、そのコピー商品をお客さんはオリジナルだと勘違いし、本家のピエトロが2番手とみなされてしまいます。

まさしく存亡の危機であり、対抗するには、こちらも戦法を変えていかなければなりませんでした。

こうしたことを踏まえ、1995年4月からは、量販店でも売り出していく決断をしたのです。

## 「利き腕をしばって」ブランド力をキープする

『ピエトロのレストランと百貨店でしか買えない、ちょっと高級なドレッシング』

この事実はそのままピエトロドレッシングのブランドイメージになっていました。それだけに、量販店での販売は大きな賭けでもあります。

一般の流通に乗るということは、より厳しい営業競争に身を投じることと同義です。広告チラシなどを見てもわかるように、量販店では定価よりも安く販売することをお客さんへのサービスの一つとして考えています。百貨店のように、値引きなしで買ってもらえるとは思わないほうがいい。また、販売する多くの方に手にとっていただける分、希少性が下がる覚悟が必要です。

6人でスタートしたピエトロのスタッフも、創業15周年を迎えるこのころには、国内外の支社あわせて630人にまで増えていました。

私はすべての支社と営業所をまわり、営業担当者に「安易に安売りしない」ことを徹底して伝えました。

「工場が一生懸命つくって、お店もしっかり売ってくれている。そのサイクルを安易に崩すな。利き腕をしばれ」

私自身がサラリーマン時代に身にしみたことですが、「安売り」はもっとも安易で効果が高い営業手法です。安くすれば、売れます。しかし価格を下げてしまうと、下げた価格が基準になってしまう。定価では買ってもらえなくなる可能性すらある。

安易な方法、すなわち使いやすい「利き腕」をしばったうえで、どうしたら利益をあげられるか。それを考えるのがピエトロの営業だと、何度となく言って聞かせました。

では具体的にはどうすればいいのか。

たとえば、試食販売のときには、サラダにドレッシングをかけたものに加えて、ドレッシングで下味をつけた唐揚げを用意するといった、プラスアルファのおいしい食べ方の提案をします。

あるいはほかの商品とのバランスで価格を安くする必要がある場合は、キャンペーンや広告の目玉商品として扱ってもらえるよう、お店にも私たちにもメリットのある企画提案をしなければなりません。

そうやって全国の営業担当者が「利き腕をしばって」工夫を続けた結果、そして小売店のみなさんが私たちの思いを汲んでくださった結果、流通の変化による大きな価格崩れは起きませんでした。

もっともそのことで、のちに「独占禁止法違反（不公正な取引方法）の疑い」で公正取引委員会の調査を受けることになるのですが……それにはもうひとつ、原因があったようです。

## 全国CM効果で、ドレッシング生産量1700万本に

1995年4月からドレッシングの量販店での販売を開始。また翌1996年からは伊藤忠商事・フジマックとともに企業向けの新しいフランチャイズシステム「ピエトロ・バルコーネ・フランチャイズシステム」の共同開発をスタートしました。モデル店舗のピエトロ・バル

コーネ長尾店（福岡市）を1998年中にオープンするべく、調整にかけまわる日々……。

ここで私は、ひとつ大きな展開をしかけるべく、全国ネットでテレビコマーシャルを打つことを考えました。

当時ドレッシングのCMはほかになかったと思います。また、福岡のローカルブランドのCMが全国ネットの連続ドラマ枠や、「ニュースステーション」「NEWS23」といった人気ニュース番組の枠で流されるのは、前例のないことでした。

誰かがやったことを真似るだけでは、うちくらいの規模の企業が目立つことはできません。誰もがやらないことをして道を拓いていくしかない。

そう考えて、CMの制作にもこだわりました。もともと私は世間の流れをよむのに、広告は最適だと考えていました。なかでも大きな予算が動くテレビCMには、時代そのものが反映されています。普通は番組を録画するのでしょうが、私はわざわざアルバイトに頼んでCMだけを録画してもらっていました。それを時間を見つけてはチェックしていたほどです。

これは余談ですが、CM集を見ていて「0《ゼロ》」というキーワードがひっかかったことがあります。脂肪分0、糖分0、人工甘味料0……。

「世の中0ぜ。うちの商品も、なにかゼロのつくものを探せ！」と指令を出したところ、灯台下暗しでドレッシングが「コレステロール0」だったんですね。それをパッケージに記載したら、バーンと売上があがったことがあります。

CMを流すなら量よりも質、と方向性は決めていました。限られた予算ですから、「テレビで放映する本数を減らしてでも、視聴者の印象に残るクオリティの高い映像を、効果的な枠で流したい」。

制作会社にそうお願いして、1998年1月より俳優の小林薫さんを主人公にしたドラマ仕立てのCMシリーズが放映開始となりました。提供スポンサーとなったのは、全国ネットの連続ドラマ、関東・関西エリア限定のバラエティ番組、福岡ではニュース番組です。

数としてはそこまで多くはなかったのですが、結果として、制作初年度の1998年に広告界の一大コンクールであるACC広告賞を受賞。

地方へ出張に行ったときも「CM見ましたよ」と声をかけていただけるくらい、全国区への広がりを感じるようになりました。

私としては、CM放映はあくまでもブランディングの一環として、認知度を高めるのが目的でした。しかし実際は比例して売上も右肩上がりとなり、やがてドレッシングの年間生産量1700万本へと、一気に成長することになるのです。

## 公正取引委員会の立入検査

このころになると、ブランドの力というものをわずかながら感じるようになってきました。

10年前には「はあ？　ピエなんとか？　知らんなあ」とバカにしてきたのに、「この前、娘と一緒にピエトロ行ってきたよ」とゴルフ場ですりよってくる知人もいました。

ただ実力以上に評価されるようになってきた反面、いろいろ噂をされるようにもなってきました。ときには、根も葉もない噂を流されたこともあります。

ある年の瀬など、企業や銀行が主催する忘年会に出かけて行くと、「村田さん、こんなところで飲んでいていいのか」「いま大変なんだろう」と、何人ものメンバーに声をかけられました。よくよく聞くと「ピエトロが不渡手形を出した」というまことしやかな噂が広がっているというのです。

もちろん事実無根なのですが、しばらくすると、社内の女性社員までが「こんな噂を聞いたのですが……」と深刻な面持ちで尋ねてくるまでに。事実無根とはいえ、そのまま噂が広がっては信用問題に関わります。仕方がないので、「誰から聞いた？」とひとりずつに尋ね、噂の出処を探っていくと……かつて「草月」時代に競合店だった同業者が、天神商店街の会合の席で「とうとうピエトロが打ち上げたばい」と言いふらしていたことがわかりました。

地元のボス格でもある行徳社長がたしなめてくれたことでそれ以上の風評被害は起こりませんでしたが、言いふらした本人はケロッとしていたらしいので、反省したのかどうかはわかりません。

また2000年2月には、先ほど少しお伝えしたように「独占禁止法違反（不公正な取引方法）の疑い」で公正取引委員会の立入検査が入りました。ようは、値引き販売をしないように小売店に強要しているのではないかという疑惑がかかったんですね。

ある朝一番、本社、支社、営業所いっせいに調査が入り、社内はみんなまさに寝耳に水の状態でした。事情がわかったところで、なにより「なぜうちのようなローカル企業に?・」「なぜ450円のドレッシングが対象に?・」と不思議に思う気持ちのほうが強かったのを覚えています。

先にお伝えした通り、社内の営業に対しては安易な値引きを売りにするなと言ってありました。愛着のある商品ですから、たいせつに売ってほしい。それは昔もいまも変わりません。

そのときに「どうしても値引きを求められたら、商品を引き上げていい」とも言っていたんですね。するとある営業マンが、ほんとうにある販売店から商品を引き上げてしまった。それに怒った販売店が、公正取引委員会に通報したのだそうです。

友人知人からは、「有名税とられるようになったとは、立派なもんたい」「出る杭は打たれるということだ」と励まされたのですが……。

ただこの件で嬉しかったのは、ニュースで報じられてもお客さんからのクレームがなかったことです。また大手商社で役員をしている知人から「いまどき定価販売ができるなんて任天堂とピエトロだけですよ」と電話がかかってきたときは、正直、誇らしい気持ちがなかったとは言いません。

しかしこのあと、大手スーパーとの取引において、値引き販売の要求があまりにきつくなったことがあります。「さすがにそれはできない」と断ったところ、ドレッシング・パスタソースなどのすべての商品を棚から下ろされてしまった。全国展開の大手スーパーですから、全体売上が一気に2割近く落ち、そのときはかなりの打撃でした。

それでも、ここまで育ててきたブランドの価値を安易に落とす真似はできません。そこで初心に帰り、中間卸業者に頼らずに、営業が全国の販売店・スーパーに自ら足を運ぶという、地道な営業方針に切り替えました。

自分たちの足を使って、理念に共感してくれる、たいせつに売ってくれる販売店を増やしていくことにしたのです。

以来15年が経ちましたが、この営業方針はいまも変わりません。

## 川下の発想をたいせつに

もともとピエトロには、営業担当者のほかに、セールスレディという名称の営業補佐のパートさんがいます。小売店の棚をチェックして、商品がきちんと補充されているか、並べ方が乱れていないか、賞味期限は古くなっていないかなどをチェックしてもらう役割です。丹精こめてつくっても、棚のいい場所を確保してもらっても、現場が乱れていたら買ってもらえません。

とくにドレッシング事業では、お客さんともっとも距離の近くなる売り場のイメージがものすごく大事です。

このセールスレディの存在は、大手の食品メーカーでは珍しくはないようです。しかし私はそうとは知らず、かつて悲願であった地元岩田屋での取り扱いが決まったときの経験から、独自にスタートしていました。

というのも、岩田屋で最初に置いてもらえたドレッシングはわずか10本でした。日によってはすぐに売れてしまう本数です。

売り切れてしまったら当然ほかのお客さんが来ても買ってはもらえません。その機会損失を防ぐために、カゴに10本のドレッシングを入れて定期的に売り場をチェックに行き、2本売れていたら2本、5本なら5本を補充してその場で伝票をきってくるというやり方をしていたのです。

また、そうして現場に行くと、厨房や事務所にいるだけではわからない、リアルな市場の空気を知ることもできます。

私はよく社員に「川下の発想をたいせつに」と話します。

これはサービスや流通を川に喩えて考えたもので、「川下」とはすなわち、最終的にサービスや商品を受け取る、使ってくれるお客さんの立場です。

たとえば、いま何が流行っていて、どんなことが求められるのか。それは店に並ぶ別メーカーの商品から読み取れることもあれば、お客さん同士の何気ない会話がヒントになることもあります。そういった現場の貴重な情報をうまくすくいとってもらうには、実際に生活者として厳しい目を持つ、主婦のパートさん「セールスレディ」が最適でした。

もともとレストランも、私がひとりの客の立場で食べたスパゲティに感動してはじめたものですし、ドレッシングも「わけてほしい」というお客さんからのリクエストで販売がスタートしました。

ロングセラーの味は守りつつ、常に新しいことに挑戦しよう、というのが私の口癖ですが、商品開発でも、突飛なことをしたいわけではありません。お客さんの立場で、欲しいものを考えるのが一番の近道です。

新しいメニュー開発の場でも、最終的にゴーサインを出すのは私の役割ですが、いまは女性社員のアイディアや提案から生まれたメニューがとても多いんですよ。

# 第6章 *capitolo6*

# (私のピエトロ、から)みんなのピエトロ、へ

創業10周年から20周年にかけて、思いもよらない急成長を遂げたピエトロ。
東証二部上場、資本業務提携と、30周年へ向けてさらなる飛躍を目指します。
けれども創業者の胸の内は、明るいばかりではありませんでした。

## 創業の地・天神に新社屋完成

記念すべき創業20周年を迎えた2000年は、たくさんの出来事がありました。

まず、東京をはじめ全国を視野に入れた、ピエトロ・バルコーネ・システムの本格展開。

そして、創業の地・天神3丁目に「ピエトロの城」となる新社屋（現・本社ビル）を竣工し、1階に全店舗の旗艦店となる「ピエトロセントラーレ」を開店しよう、と決断したのです。

織姫に
想いを馳せし　二十年
今夢叶い
燃ゆる彦かな

忘れもしない2000年の7月7日。新社屋建設を決断した際に詠んだこの歌は、現在、本社ビル1階の壁に刻み込まれています。

そもそもそれまでの本社ビルが手狭になっていたこともあり、かねてから移転を考えて土地取得の交渉を続けていました。「すべての条件が整った」と電話で連絡が入ったのがこの日。

ちょうど出張でアメリカ・ロサンゼルスのホテルに滞在していた私は、「ロックフェラーは自社ビルに自分のコメントを刻み込む」と聞いて、真似してみたのでした。

この歌を当日のうちに、土地の所有者であった建設会社にFAXで送り、帰国後、なんとか格好をつけようと知り合いに先生を紹介してもらって書を習い、建設の際に直筆の文字で壁に彫ってもらうことにしたのです。

旗艦店となる「ピエトロセントラーレ」のコンセプトは、思いがあふれすぎてなかなか決まりませんでした。かなり時間をかけてイタリアやニューヨークなど各地でレストランの視察をしたのですが、どうもピンと来ない。それが帰り道に立ち寄ったロンドンで偶然、インスピレーションを刺激されるレストランに出会い、そのイメージを元にコンセプトを固めていくことに。

ピエトロの原点であるオープンキッチンのイメージを継承しつつ、席間を広くとった80席の店内。高い天井の開放的なスペースに仕上げています。現在ではパーティーやイベントにも使っていただけるよう各種照明やプロジェクター、音響の設備も揃えました。

第1号店を継承しつつ、まったく新しいかたちとなったピエトロ本店です。ここから、ピエトロの物語も第二章に入っていくという気持ちがありました。

また、ピエトロビルを12階建てにしたのは、どうしても海の見える高さにしたかったからです。私にとって、博多の海は特別なもの。ほんとうは海の見える高台にビルを構えたかったたくらいですが、福岡市内には該当する場所がなかったんですね。

きょうも私の執務室からは、海が見えています。

## 株式公開、そして東証二部上場へ

もうひとつ大きな分岐点となった出来事は、株式公開です。

1985年7月に株式会社化したピエトロですが、株式公開について考えるようになったのは、1998年あたりからでした。気づけば還暦を目前にし、今後の経営についても考えざるをえなくなってきたのがほんとうのところです。

子どもに継いでもらうことも考え、時間をかけて何度か話し合いの機会も設けましたが、自分でやりたいことがあるといい、飲食業界とは別の道に進む結論になりました。仕事に遊びにと好きなようにやってきた私が、子どもに無理を言うこともできません。自分の納得できる道を歩んでくれたらいいと、応援する気持ちに切り替えたことも大きく影響しています。

では後継者候補を社内で……と見渡してみて、片腕のように信頼している人間はいるものの、ピエトロの味や経営のすべてを預けられる後継者となると、どうしても点が辛くなってしまいます。

さらに言うと1998年当時、長年信頼を置いていたレストラン事業部の責任者がわけあって辞めていったという一幕もありました。

創業から20年近くが経ち、国内のみならず海外にも展開をはじめるようになると、かつてのように私がすべての店をくまなくチェックしてまわることは難しいのが本音です。その分、事業部ごとに実力を見込んだ社員を責任のある地位につけ、現場の管理を任せるようになっていました。

辞めていった責任者も、実力を認めたからこそその地位を任せたのですが、それが勘違いの元だったのかもしれません。彼は部下の情報や提案をはじめ、お客さんからのクレームすら私に報告しておらず、結果としてレストラン事業部全体の風通しが非常に悪くなってしまいました。

その責任を取る形で辞めていったのですが、私としても、幹部をきちんと育ててこられなかった現状を深く反省することになりました。

いまやパートさん、アルバイトさんを含めると600人が乗る船となったピエトロ。これまでのように、フィーリングで進めていくのは難しいことを感じていました。

ちょうどそのころ、10年にわたって企業診断を続けてくれていた社外コンサルタントの方から「そろそろ上場を視野に入れてもいいのでは」とアドバイスがあったのです。

内輪で後継者が育っていたら、そこまで急ぐ気持ちはありませんでした。けれども現状を鑑み、私は創業者としてピエトロを社会的責任のある企業として存続させるため、まず店頭公開、そして東証二部上場にむけた準備をはじめることにしました。

じつはこのとき、ピエトロ創業当時からドレッシング用のオイルを卸してもらっている株式会社鳴海屋の当時、社長でいらした北島幸二郎さんから「上場なさらんほうがいいのでは」と心配した電話がかかってきました。

北島社長とは、長年のゴルフ仲間であり、いまでは絵画と書も一緒に楽しむ仲です。公私にわたって親しい仲だからこその忠告だったのでしょう。「市場から資金調達するよりも、金融機関から調達したほうが金利も安いのだから」と、自分のことのように気にしてくださった。そうして親身に考えてくれたアドバイスはありがたいものでした。

事実、店頭公開、そして東証二部上場の条件をクリアするには、内部管理体制、営業体制、収益体制などの整備・強化を余儀なくされ、株主やお客様に対する社会的責任も重くなります。たとえば子どもが跡を継ぐことになっているなら、上場はしなかったかもしれません。

しかしピエトロ社員の将来を考えたときに、上場による「第二の創業」は必要な判断だと踏み切りました。

そして入念な準備の末に厳格な基準・審査を越えて東証二部上場が認められたときは、非常に大きな達成感を感じたものです。

## 人生で一番緊張した第1回株主総会

ところが予想外のこともありました。証券会社主催の説明会で自社株の宣伝のような講演をしたとき、たまたまだったのかもしれませんが、会場にいらした参加者のほとんどがあきらかに私より年配の方ばかりだったのです。

これは勝手な予想ではありますが、銀行の金利が下がって、定期預金に預けるよりは分がいいだろうと、年金や退職金を元手に株取引をしている方が大多数だったのではないかと思います。

その光景を見た瞬間、「株を買ってもらったとして、もし経営がうまくいかずに大損をさせてしまったら、この方たちの老後はどうなるんだ……」と背筋が寒くなりました。その日は内心「むしろ買ってくださらなくていいですから……」とひやひやしながら講演し終えたのを覚えています。株式を公開するということは、社員とは違う、第三者である方にも「ピエトロ号」に乗っていただくこと。その責任の重さを実感した1日でした。

またはじめての株主総会は、それまでの人生でもっとも緊張する時間となりました。

こちらも非常に時間をかけて準備を行い、証券会社の用意してくれた分厚い想定質問表にも、かなり綿密に回答を用意しました。それでも、自分がこれまで育ててきたピエトロに対して、どんなツッコミが入るのか。これまでは創業者である自分がすべて責任を持ち、判断してきたことが、どう映るのか。無事にやりおおせるのか、不安が膨らむばかり。

　これまでの人生であそこまで足が震えたのは、いまのところ第1回の株主総会が最初で最後です。

　逆に言うと、それ以来はむしろ、どこに出ても緊張しなくなりましたし、どんな物事にも動じなくなったように思いますね。

　実際は、第1回から、先日終えたばかりの第13回まで、弊社の株主総会は一貫してアットホームな雰囲気だとよく言われます。

　総会のあとの懇親会では、ピエトロの人気商品から新製品までをふんだんに使ったメニューを、立食パーティー形式で楽しんでいただきます。また恒例行事として私が会場で手づくりするドレッシングは、つくりたてをサラダにかけて召し上がっていただくほか、おひとり1本、ほかの自社製品と一緒におみやげに持って帰っていただくことになっています。

　株主さんはそれを楽しみにしてくださっている地元の方が多く、投資目的というよりは、サポーターとして応援してくださっている方が多いのでは、と勝手に思っています。

　株主さんたちのお顔を拝見して、直接意見交換できる場は非常に貴重で、やはり上場してよかったと実感します。甘えることなく、利益をあげて配当を受け取ってもらえるように努力しなければと、決意を新たにする場でもあります。

## 出店は自分の足で街を歩いて決める

ところで、ピエトロのファーストフード「ミオミオ」をご存じの方はいらっしゃいますか？2001年に立ち上げたカップ入りのサラダパスタで、あらかじめ容器に入ったパスタ、ドレッシング、サラダをシェイクして食べる、新しいタイプの商品です。テイクアウトにもぴったりの手軽なパスタとして、福岡の天神地下街・ヤフオクドーム、東京ドーム、大阪の京セラドームの店舗で販売しています。

じつはこのミオミオは、「日本マクドナルド」「日本トイザらス」創始者の故・藤田田さんが気に入ってくださって、共同事業を立ち上げる話になったことがあります。

藤田さんがお亡くなりになるちょうど1年ほど前だったでしょうか。

2003年3月に日本マクドナルドを退任された前後に、ある情報通の知人から「藤田さんがミオミオを気に入って、村田さんに会いたがっている」と電話がかかってきました。当時お台場にあった店舗でミオミオを見かけて以来、「私もこういう商品をつくってみたかった。考えた人に会ってみたい」とおっしゃっているというのです。

私はもともと、誰もしなかったことを成し遂げた方、一代で財をなした方のお話を聞くのが好きです。しかも藤田さんといえば誰もが知っている大企業の大親分。さっそくアポイントをとってもらい、東京に会いに行ったのが4月ころでした。

藤田さんはこのころからすでにお身体の大事をとっていらして、はじめから秘書の方に「面会は30分」とクギをさされていました。

ところがいざお会いすると、お話が止まりません。ミオミオをとても評価してくださり、その仕組みやメニュー展開について矢継ぎ早に質問されたあと、ご自身がマクドナルドやトイザらスの店舗を展開していったお話もしてくださった。あっという間に感じましたが、おそらく3時間ほど話し込んだように思います。

そのとき、ミオミオをピエトロから分割して別の会社にし、藤田さんと私とで新会社を設立しようと提案してくださったんですね。それはもう願ってもないことで、それから5回ほどお会いして、具体的に話を進めつつ、ほかにもさまざまなお話を伺うことができました。

とくに印象に残っているのが、トイザらスの店舗を出店する際に、すべての街で地図を片手に歩いてから決めたというお話です。そうやって、土地の雰囲気や、人の動線、道筋を自分の目と足で確認していたからこその成長だったのですね。

比べるのはおこがましいですが、私もピエトロの直営店はずっとそうして拡大してきましたし、いまも新しい店舗を出店するときは必ず自分の足でフィールドワークを行います。

「こんな大親分も同じことをしているのだなあ」と知って、手探りでやってきたことを「間違っていなかった」と自信を持てた瞬間でもありました。

藤田さんとのお話と並行して、日本マクドナルドの社員の方がおふたり、ピエトロに出向してこられました。そこまでかなり具体的な話になっていたのですが、約1年後の2004年4月に藤田さんがお亡くなりになり、新会社の話は立ち消えになってしまいました。

共同事業が叶わなかったことは残念ですが、藤田さんとお話しできたこの時間は、とても貴重な経験として心に残っています。

## 躍進と、友の裏切り

藤田さんとお会いしていた時期である2003年度は、別の意味でもメモリアルな年になりました。創業23年目にして、かねてからの目標であった連結売上高が、ついに100億円を突破したのです。

これは「ブランド価値再構築の年」をテーマに、従業員一同が汗を流した成果でした。国内外へのスペシャリティストア出店も拡大しており、ビジネスとしては勢いづいていた時期だったと思います。

しかし、私の胸中は決して穏やかではありませんでした。ビジネスの場では変わりなくやれていたと思いますが、プライベートの村田邦彦個人としては、これまでにないほど落ち込んだ時期だったかもしれません。

なぜかというと、公私にわたり信頼をおいていた長いつきあいの人間に、裏切られ、裁判を考えるほどの金銭的被害にあったのです。

私は軽い社交が得意ではない分、つきあうととことん、深く、長く関わっていくタイプだと思っています。とくにプライベートでのつきあいは、兄弟同然、家族同然でやってきました。浅く広く、ほどよい距離感でつきあうことができない人間なのです。

相手のある個人的な話なので詳細は語りません。結局、裁判など表面的には何の行動も起こしませんでしたが、首謀者のほか、共通の友人も合わせ4人と、いっさいのつきあいを絶つことになりました。

寂しさ、悔しさ、悲しさ、情けなさ……。

ほんとうにつらい時期でした。若いころから共にバカをやってきたからこそ、深いつきあいができたのです。還暦をすぎて同じような関係をつくることはもうできないでしょう。

「これまでの楽しい思い出はなんだったんだろう」とガックリきてしまい、以来、人とのつきあい方、考え方も若干、変わったと思います。

何もかもが嫌になり、すべて投げ出していなくなってしまいたいと思うほど打ちのめされ——

——。

そんなとき、ふと思い出したのが能古島の風景でした。

## 幻となった「ピエトロワールドーN能古島」

博多湾に浮かぶ能古島《のこのしま》は、市内西区の姪浜からフェリーで10分、天神からも40分ほどで行ける、福岡有数の観光名所です。周囲12キロの豊かな自然に恵まれた土地で、釣り・海水浴・ハイキングなど地元の人の憩いの場でもあります。

ピエトロが軌道に乗り出してしばらくしたころ、気分転換にフェリーに乗って能古島を訪れたとき。海に沈む夕日を眺めながら、かつて「レストランむら田」を閉店したあと、絶望的な気分で志賀島の高台から眺めた夕日と同じ太陽なのに、まったく違う輝きに見えたのがとても印象的でした。

そのときの印象から、能古島は私にとって、ずっと希望の土地でもあります。

少し話がさかのぼりますが、創業10周年を迎えた1990年、「よかトピア」の成功で勢いづいていた私は、この能古島の一角に「ピエトロワールド」をつくりたいと考えました。

未来のシェフを育成する調理師学校や、経営者向けの学校、その生徒たちがオペレーションするリゾートホテル、そして地元の人がのんびり楽しめるような観光農園を構想し、思い切って能古島に約10万坪の土地を購入したんですね。

ただそのころはまだ上下水道のインフラが整っておらず、その整備だけでも何十億もかかる見積もりが出てしまった。さらに島の入り口からの道路整備も必要ということになり、その動線計画がなかなか具体的にならず躊躇していたら、しばらくしてインフラ整備の都市計画が発表されました。行政がやってくれるのであればそれに乗ったほうがいい。これ幸いとそれまで待つことに。

そこでそうして1年ほど動かずにいたら、徐々に景気が悪くなり、いわゆるバブル崩壊が起こったのです。

ご存じの通りその後の景気の悪化はすさまじく、ピエトロとしても、とても当初の構想通りの予算をかけることはできなくなってしまいました。

けれども、もし「待った」をかけずに計画を強行していたら……と考えたらぞっとします。能古島どころか、ピエトロの看板もなくなっていたことでしょう。

何かをはじめるには風向きが重要です。「ピエトロワールドIN能古島」の構想はそのまま保留にして、10万坪の土地は放置したまま、十数年がすぎていました。

友人の裏切りで心底落ち込んでいた私は、ある日、ひさしぶりにそんな能古島のことを思い出しました。プライベートでは何もする気にならなかったのですが、あの夕日を見に行きたいなと思ったのです。

事情を知りながら何も言わずにいてくれる友人たちにその話をすると、誰かが「もしかしたら、お宝が見つかるかもしれん」と言い出しました。

能古島のその土地は、江戸時代に黒田藩のお狩場でもありました。つまり、当時のお偉いさんが馬に乗ってシカやイノシシを追っていたはずで、走り回っているうちに着物から装飾品が落ちたかもしれない。金属探知機でくまなく探したら、何か面白いものが出てくるかもしれないと、そんな冗談を言い出したのですね。

そしてその場にいた仲間たちで、実際にやってみようという話になりました。きっと落ち込んでいる私を励まそうという気持ちもあったのではないかと思います。

十数年ぶりに訪れた「ピエトロワールド」候補地は、それは大自然のまま、樹木の生い茂るジャングルになっていました。

まずはみんな自分の陣地を決め、チェーンソーでどんどん樹木を拓いていく。買ったばかりの金属探知機を片手に歩きまわり、「何か見つかったと?」「何も反応しよらんばい」と実際あるかもわからない「お宝」を探す。

結論からいって、見つかったのは鉄くずとゴミだけでした。それでも、何もかも忘れて夢中になって「お宝」を探したことで、私のなかでひとつ、ふんぎりがついたように思います。

そして能古島という土地、空気をあらためて特別に思い、もう一度、開拓することを考えはじめました。

## のこベジファーム&のこのこファーム

バブルのころの構想のように、莫大な資金をかけて「ピエトロワールド」を構築する気はもうありません。むしろいまの時代であれば、風力発電といったエネルギー開発や、農業に力を入れたいと考えました。正直なところ一番の目的は、自分が気心知れた仲間と遊ぶための居場所をつくっていきたいという気持ちです。

本格的に機械を入れて、半年かけて大開拓。伐採した樹木は島の外に持ち出すと産業廃棄物になってしまうので、機械を持ち込んですべてチップにして地面に敷き詰めました。その後、週末ごとに友人と一緒に整備を行い、およそ1年がかりでレストハウスや農園を整備。

そうしてやっと整備が完了した2006年、農業法人であるNPO「のこのこファーム」を立ち上げました。

のこのこファームは、会員制・参加型で野菜を育て、みんなで収穫して、みんなでわける。専門家に相談してかなりの良い農地に仕立てましたから、すばらしく緑の濃い、大きな野菜が収穫できます。

現在も毎月、会員とそのファミリーで農作業体験をしてもらい、収穫した野菜は参加者全員で分配します。私はいちおう理事長という肩書ではありますが、基本はイチ作業員として一緒

のこベジファームの全景

に作業しているんですよ。経済誌のインタビューなどで「最近は山芋掘りにハマっている」と言ったら一時期は驚かれたようですが、そろそろ何も言われなくなってきましたね。

一緒に開拓した仲間もゴルフ友だちも参加してくれて「老後のいい遊び場ができた」と喜んでくれるので、やってよかったなと心底思います。人生何が幸いするか、ほんとうにわからないものです。

じつはこのNPO法人のこのこファームの市民農園は、ピエトロが企業として契約している農場「のこベジファーム」の一部です。こちらは毎週、ピエトロの社員が研修として順番に世話をしており、年に一度は親子向けの食育イベントも開催しています。この農場でつくった野菜は量が限られますが、福岡市内の直営レストランの特別メニューとして紹介させていただくこともあります。

と言いつつ、私は能古島では仕事のことはいっさい考えません。社員にも「会社にいるときと、ぜんぜん表情が違いますね」と言われます。自分ではそうとう丸くなったつもりでいるのですが、ふだんそんなに怖い顔をしているのでしょうか……。

ちなみに、農作業後にふるまう昼食は、ピエトロ創業当時から厨房に入っていた野口シェフのお手製です。

野菜たっぷり・ボリューム満点のこのメニューも、ファームの名物になっているようですね。

## 日清オイリオグループと資本業務提携

野菜ばかりつくっていたわけではありません。

2007年9月には、かねてからドレッシング用オイルの取引先であった日清オイリオグループと、資本業務提携契約を締結しました。

他社との資本業務提携は、店頭公開・東証二部上場とともに考えてきたことです。

じつは日清オイリオグループの前にも、ある企業との資本業務提携の話が進んでいました。上場してからしばらくの間、私はいわゆる人材バンクに依頼して、後継者候補となりそうな社外の人材を紹介してもらっていました。

何人かとは面接もしたのですが、なかなかご縁が結ばれるに至らず。ですがその流れのなかで、提携や企業合併といった手段も考えるようになっていました。

現社長である私は2001年に還暦を迎え、しかしまだ後継者が育っていない。ならば、きちんとした会社とジョイントしてノウハウを学び、優秀な人材を招くことが、ピエトロの将来の安定に必要なことだと考えたからです。

とはいえ最初に話があった企業とは考え方の違いから、具体的な話には至りませんでした。さてどうしたものかと思ったときに、声をかけてくださったのが日清オイリオグループだったのです。

事業展開として日清オイリオの通信販売網を使わせてもらい、ゆくゆくは後継者もオイリオの人材から選ぶ——。その心づもりで、記者団前でも「事業承継も含めた提携」と発表しました。ですがその後にビジネスの方向性が異なり、2012年に提携を一部解消しています。後継者候補についても、振り出しに戻ってしまいました。

ではこれからどうするか。頭の痛いところではあるのですが、しかしおそらくこれは、創業者がみな抱える問題なのではないかとも思います。会社は自分の子どもと言う人がいますが、ピエトロの場合は自分そのものなのです。だからこそ、妥協ができない。

最近では例の人材バンクの社長に「もう村田さんのメガネにかなう人材はいませんよ。あなたがいなくなったら、残った者がなんとかやっていきますよ」と言われてしまうほどで……。

そうはいってもこれからの時代、一匹狼でやっていけるほどの企業はまれでしょう。どのような形になるかは未知数ではありますが、手をとり合い、協力し合える関係をどう広げていくか。それもいまの大きな課題となっています。

## 茶碗300、湯呑み500

日清オイリオグループとの資本業務提携が決まったのと同じころだったでしょうか。たまたま見かけた黒と白の土を練り込んだ陶器が印象的で、ふと「自分も焼き物でもやってみようか」と思い立ちました。

知り合いに紹介してもらって先生に習いに行き、はじめてみたら、これが面白い。

私はゴルフ、サックス、ドラム、自動車、絵画、釣りに農業、そして書といくつも趣味があるのですが、陶芸はひさしぶりに本気ではまりました。趣味が高じて、2012年には能古島に「登り窯」を開いてしまったほどです。

まずは最初のきっかけとなった黒白の練り込みからはじまり、様々な陶芸家の作品からインスピレーションをもらっては、思うがままに土を練り、炎と対話する。「茶碗300、湯呑み500つくってやっと基本ができる」と聞いて、最初の1年はほぼ毎日、会社から家に帰り、夕飯を食べて、21時ころから夜中の2時、3時まで睡眠時間を削ってろくろに向かいました。

元来の負けず嫌いですから、1年間で焼いた器はゆうに1000を超えたと思います。

黒白の練り込みの作品

ただし窯を開けて、思い通りだったことなどありません。

陶芸の世界には「窯を開けた瞬間に失望がはじまる」という言葉があります。

土をひねって、のばし、かたちを整え、何度も釉薬をかけてじっくり焼き上げても、焼き上がりはまったくイメージと違うのです。

登り窯で焼くときなどは、焼き上がるまで1週間は窯に入れっぱなしです。

やっと開けた瞬間「できた！」とにっこりしたことなどありませんよ。9割以上は期待はずれで「なんでこうなるんだ！」とムカッとしています。もともと自分の思い描いたシナリオ通りにならないとイライラするたちですから、最初はむしろストレスになりそうでした。

それでも続けているうちに、予想外の表情が出て気に入るものも出てくるようになり、だんだんと、結果だけではなく制作の過程そのものを楽しめるようになってきたように思います。

また、陶芸をはじめてからは、料理と同じくらい、器にも関心を持つようになりました。私のつくる器は日常的に気楽に使ってもらいたいものばかり。割れたらまた焼けばいいと思い、自分でも気に入ったものをどんどん使っています。

能古島での農業も、陶芸も、自分の意思だけではどうにもならない、天候や火のちからを借りて行うものです。そういったことを楽しめるようになったのも、個人的な変化なのかもしれません。

## 「村田塾」開講

また日清オイリオとの提携と時期を同じくして、かねてから胸の内で温めていた「村田塾」を社内で開講することにしました。

この先の20年、30年を見据えて、若い社員たちにも「ピエトロスピリッツ」を継承していってほしい。その想いから、若手幹部を中心にした勉強会を開くことにしたのです。

まずは2007年11月に、ホテルニューオータニ博多で正式に開講式を行い、第一期生6名を任命。さらに翌年2008年の12月に、食品事業部、レストラン事業部、製造部など、各支社、各部署からそれぞれ、計11名を第2期塾生（ジュニア）として任命しました。人選は私の独断ですが、男女問わず、やる気のある人間、ピエトロ魂を持っている人間を指名しています。

かつて創業10周年を過ぎたころに「幹部候補生」という制度をつくり、目印として私の愛用していたヴェルサーチのブレザーとオリジナルバッジを授与しました。村田塾生には幹部候補生の流れを引き継ぐ形で、オリジナルのバッジを授けています。そうすることで自覚を促すとともに、その背中でほかの社員たちを引っ張っていってほしいとも思っているからです。

なおこの幹部候補生に授与したヴェルサーチのブレザーは、私が若いころからお世話になっている洞 尚さんのブティック「ヒサシホラヤ」で揃えました。

洞さんの名前はここではじめて登場しましたが、やはり私が20代のころからお世話になっている大先輩です。伝統ある呉服屋ホラヤから独立して、セレクトブティック「ヒサシホラヤ」を創業されてもう50年。一流好みの父の教えに忠実だった私は、若いころから「服はヒサシホラヤ」と決めていたくらいです。

洞さんには地元のロータリークラブを紹介していただくなど、プライベートでかなり引き立てていただきました。友人というには恐れ多いですが、感謝の尽きないたいせつな存在で、創立10周年パーティー、本社ビル落成パーティー、ピエトロ・バルコーネ1号店のレセプションなど社内の区切りのときはもちろん、1997年、九州・山口地域経済貢献者顕彰財団（現・公益財団法人　経営者顕賞財団）による第24回経営者賞を受賞したお祝いパーティーのときにもスピーチをお願いしています。

そんな洞さんの店で幹部候補生のブレザーを揃えたのは、やはり一流のものを身につけ、よいものを知っていなければよい経営はできないからだ、という思いもありました。

これは商売人にかぎらず、サラリーマンでも同じだと思います。

サラリーマン時代の私は、ひとり新規事業部だったこともあり、比較的自由に経費を使わせてもらっていました。もちろん、使った分だけいい仕事をするのは前提ですよ。とはいえ限度額はあります。たとえば海外出張費のホテル代でも、上限は決まっているわけですね。そのときに私は、上限を超えた分は自腹を切ってでも、いいホテルに泊まるようにしていました。いいものに触れる、あるいは思い切ってお金を払う経験は、人生においてひとつの度胸になるはず。そう思い、いまも私の出張に同行する社員には、同じクラスのホテルを用意するようにしています。

そうして村田塾生たちには、後輩社員たちへの研修会や、私がこれまで社員に語ってきた言葉をまとめた、いわば村田語録である冊子「ピエトロスピリッツ」の編集、そのほか社内イベントの取り仕切りなどを徐々に任せるようになりました。もちろん最終判断は私に確認をとってもらいますが、最近ではだいぶ任せられるようになってきて頼もしいですね。

なお塾生の証であるバッジには、4万6000円のゴールドバッジと、7000円のシルバーバッジがあります。責任の重い「塾頭」はゴールドですが、「塾長」であるはずの私は、時々みんなを食事に連れていくくらいしか貢献していないので、塾生ジュニアよりも下の一般社員

1997年経営者賞賞状

と同じ800円のバッジをつけています。

創業30周年イベント開催

村田塾生は、2010年の創業30周年記念事業でもその力を発揮してくれました。

まず7月8・9日には、2日間にわたり、本社ビルの3階フロアで30周年を記念した私の個展を開催しました。

薬院に本社ビルを建てたときに友人から油絵の具や筆のセットをプレゼントされて以来、続けてきた絵画。

新社屋建設を機に習いはじめた書。

そしてふと思い立ち、自分でも驚くほどのめりこんでいる陶芸。

30年の感謝の気持ちを伝えるとともに、「仕事も遊びも一生懸命」という私なりの生き方を表現する作品展になれば……と思い立ったのが、前年29回目の創立記念日を迎えたころでした。思いついたときはただ、30周年にちなんですでにある作品をそれぞれ30点ずつ展示すればいいか、と軽く考えていたのですが、いざ他人様にお見せすることを考えると納得がいかず、結局前日まで準備をすることに。

ほぼ半年間、業務以外のほとんどの時間を個展作品の制作に割いていた私の代わりに、塾生の彼らが、イベントの準備や記念社史の作成、今後の社員育成のための研修DVD作成を進めてくれました。

おかげさまで、イベントは大盛況。もっとも友人たちに個展の計画を話したところ「素人の作品を見に行くんだから、何かごちそうしろ」と言われたものですから、当日は会場に厨房と客席を設え、初心に帰ってたくさんのスパゲティを茹でました。

個展にお越しいただいた方々、そして30年の間ピエトロを支えてくれた方々には、ほんとうに感謝の気持ちでいっぱいです。

夢つづり
歩みつづけた　三十年
今また想う
夢はいいもの

これは30周年を迎えるにあたり、10年前に自社ビルの壁に刻んだ歌への返歌として詠んだものです。

夢をつづりながら歩んできたこの道のり。その先にどんな風景が待っているのかは私にもわかりません。けれどもまだまだ、楽しいことがたくさんあるようです。

# 第7章　*capitolo7*　そして200億企業へ

創業30周年を迎え、さらに新しいステージへ。

首都圏でのシェア拡大、そして海外展開の強化を図り、売上200億企業を目指します。

変わらないために変わり続ける、ピエトロの新しい挑戦がはじまります。

## 有楽町にアンテナショップをオープン

創業30周年を迎え、さらに新しい展開をするにはどうしたらいいか。私はいくつかの新しい仕掛けを試みることにしました。

まず、ひさしぶりに全国ネットのCMをオンエアすることを決めました。日本を代表するコピーライター仲畑貴志さんをクリエイティブディレクターにお迎えし、メインキャラクターは、野菜好き、料理好き、そしてピエトロ好きと公言してくださるモデル・女優の佐々木希さん。かわいらしいうさぎのコスチュームを着けた佐々木希さんが主演のCMシリーズは、ご覧くださった方も多いのではないでしょうか。

2011年9月オンエアの第1弾「お母さんはウサギ」篇から、「野菜×ピエトロ」篇、「スーパーリアル」篇、「色とりどりのヤサイ」篇、「お歌のお稽古」篇、そして2015年は、いつもどおりの佐々木希さん主演のシリーズ「クマが出た」篇と、コック服姿の私がたまねぎを切りながら佐々木さんと会話する「35周年記念」篇を制作しました。

BGMは福岡出身の実力派R&BシンガーソングライターMyeさん。「色とりどりのヤサイ」篇からは、仲畑さん作詞、Myeさん書き下ろしの楽曲のピエトロオリジナルソングも歌ってくれています。過去のCM及びメイキングの映像は弊社のホームページ上でもご覧いただけますから、よかったらアクセスしてみてください。

佐々木さんにはCM出演を契機に「ピエトロアンバサダー」として、各イベントやキャンペーンなどで、全面的にピエトロの魅力を伝えてもらうことになりました。「子どものころからピエトロドレッシングが好きでした」と言ってくださる佐々木さんは、先日能古島にある、のこベジファームにも遊びに来てくれたんですよ。

こうしてマスメディアでの展開を進めたのは、おもに首都圏でのシェア拡大を狙ってのことです。

CMオンエアと並行して、2011年9月14日から19日にかけては、六本木ヒルズに期間限定のアンテナショップ「ピエトロステーション　ファーストサテライトショップ」をオープン。ピエトロ商品を使ったメニューを提供するカフェスペースにピエトロ商品を販売するショップを併設し、佐々木さんの挨拶、ドレッシングづくりの実演、そして最終日にはMyeさんのミニライブも実施しました。

約1週間の期間限定ではありましたが、多くのお客さんにご来場いただき、この経験から翌2012年には、東京・有楽町にある東京交通会館2階にアンテナショップ「ピエトロドレッシング有楽町店」をオープンすることになります。

「ピエトロドレッシング有楽町店」では、限定品を含めたすべてのピエトロ商品を揃えたほか、様々なピエトロドレッシングを使って味付けをした、季節の野菜たっぷりのビュッフェを用意。

ほかにも、ピエトロ商品を使った簡単料理教室、自分だけのオリジナルデザインのドレッシングボトルをつくれる「デコドレ」、使い終わったドレッシングキャップを持ってきていただくと数に応じて特典があるリサイクルコーナーなど、様々な企画を実施しています。

とくにドレッシングを使ったレシピを紹介する料理教室は好評です。ドレッシングだけで味付けた唐揚げや、チャーハンを味付けする使い方はテレビでも紹介していただきました。

## 新卒入社の人材を育てていく

また2011年度からは、全国区での新卒採用をスタートさせました。

地元での新卒採用は1989年から始めていましたが、ここにきて、広く優秀な人材を募集することにしました。事業所としても、福岡本社のほか、東京営業所、福岡営業所、大阪営業所、名古屋営業所、札幌営業所と広がっています。村田塾をつくり組織強化を図ったのは、このような人事的な変化に対応するためでもありました。

どの程度の応募があるか未知数でしたが、某就職活動サイトでのエントリー数は2000名を超えました。そのうち約400名がいくつかの選考を経て、以降毎年15人前後の新入社員が入社しています。

新入社員には研修プログラムとして、工場でのドレッシングづくり、デパートやスーパーでの試食販売、レストラン店舗での接客、能古島での農業体験といった現場を経験させます。もはや私がひとりひとりに指導をする機会はそうありませんが、ピエトロの事業の中核をなす現場で実際に先輩たちに指導を受けながら働くことで、ピエトロスピリッツが受け継がれていくことでしょう。

また、4月の入社式では、毎年必ず話すことがあります。

それは感謝について。

深々と頭を下げて「ありがとうございます」と言うだけでなく、軽く「サンキュー」でもいいから、1日に20回、感謝の気持ちを言葉に出してほしい、と伝えます。もちろんお客さんに対しての「ありがとうございます」は別カウントですよ。レストランや試食販売の現場にいたら、20回などあっという間にクリアしますからね。

そうではなく、たとえば朝起きて出勤する前、もし家族が朝食をつくってくれたならそれに「ありがとう」。出社して同僚が仕事を手伝ってくれたら「サンキュー」、取引先のひとがていねいに連絡をくれたら、それにも「ありがとうございます」と言えますね。そうやって「ありがとう」を言うチャンスを逃さず、心で思うだけでなく、口に出してほしい。

そういう私もかつて父のカレー屋「草月」を手伝っていたころ、お客さんにすら「ありがとうございます」がうまく言えない時期がありました。照れくさくなってしまうんですね。これはお嬢さん育ちだった母親も同じだったようで、父と店をはじめた当時は、店を開ける前に

「ありがとうございました」を大きな声で言う練習をしていたそうです。

社会に出ると、それまでの世界とは人間関係が一変します。戸惑うことも多く、そのうち失敗もあるでしょう。

それでも「ありがとう」という他者への感謝を忘れなければ、必ず先輩や仲間が助けてくれますし、自分が奢ることもない。とくにいま入ってくる新しい社員は全員、「子どものころからピエトロのドレッシングが家にあった」世代です。大企業病と言うにはおこがましいですが、創業当時、6人でやっていたころから比べると、どうしても甘えが出てしまいがちに思えます。

「ありがとうを1日20回」

自戒も込めて、毎年の入社式で繰り返している挨拶です。

## 今日より明日

老舗と呼ばれる企業が伝統を守ろうとするのは当然であるし、素晴らしいことだと思います。

ですが、ピエトロはまだ歴史の浅い会社です。

ただ守るだけではなく、常に新しいことに挑戦していく、時代を先読みして勝負をかけていく必要があると思います。

今日より明日、私はそういうチャレンジ精神が好きです。

はじめにつくったオリジナルドレッシングがロングセラーになったのは、ほんとうに奇跡のようなものです。神様のプレゼント、金の卵ですから、これはしっかりと守っていかなければなりません。

一方で、それに甘んじていては成長がありません。成長がなければ、腐るだけ。味は守りながらも、もっとよい商品、もっと新しいおいしさを求めていくことは、永遠に続く課題です。

また「レストランむら田」の大きな反省点として、メニューの引き出しの乏しさがありました。自分がお客さんの立場で他店へ行くときも、「このメニュー展開ではすぐに飽きてしまうなあ」と思うことが多々あります。

ですからレストランでは、創業当時からの人気メニューのほかに、季節に合わせて2ヶ月に一度は新しいメニューが登場しますし、ドレッシングやレトルト商品の場合は、1年以上先の流れを読んで商品づくりをしています。

こうした「新メニュー・新商品の企画開発」は創業当時から欠かすことなく続けているのですが、とくに新社屋に越してきてからは、毎週月曜日の午後に3時間ほどかけてじっくりと「試食会」をするようになりました。

商品開発のスタッフが考えたメニューも、すべての素材や調味料も、かならず私が試食して、味や食感はもちろんのこと、彩りや具材のカットサイズ、盛り付けなど細かく確認します。そのときのテーマにもよるのですが、毎週、15~30種類ほどを試食します。

スパゲティやサイドメニューならまだいいのですが、麺のみ、ピザ生地のみというときもあるので、なかなか大変ですね。なお、少量ずつ味の違うものでおなかがいっぱいになると胃が混乱することがあります。そういうときは、最後にうすめたコンソメスープを飲むと、全体が調和するんですね。あまり機会がないかもしれませんが、もしものときには試してみてください。

私の採点は辛いので、試食会でもなかなかOKは出しません。アイディアとして面白くてもピエトロの味としては納得がいかなかったり、味が良くても見た目のバランスが悪かったり。もちろんビジネスですから原価率もシビアに判断します。

そうした厳しいチェックをクリアして商品化するまでに、ひとつのメニュー、商品につき、平均して3ヶ月から半年。何年もかかるものもあります。

じつはこれはちょっと自慢に思っているのですが、世間でブームが来るより先に商品化していたものもいくつもあるんですよ。たとえばオリーブオイルやしょうがを使ったドレッシングは、商品化してしばらくはたいして売れなかったのが、あとからブームがやってきて一気に売上があがりました。

かといって目新しければいいというものでもありません。むしろ珍しさだけで狙っていくとすぐに飽きられます。基本の考えはスタンダードイズベスト。馴染み深いオーソドックスなところは押さえながら、新鮮さを出していく。

そして、ドレッシングでいえばたいせつに考えているのは、いかに素材の味を引き出すかです。最近はありがたいことに、万能調味料のようにご紹介いただくことも多いドレッシングですが、あくまでもベースは「サラダをおいしく食べられるかどうか」。

先日もお客様から「健康によいといってココナッツが流行っている。ココナッツオイルを使ったドレッシングはつくらないのか?」とお問い合わせがありました。そういったご提案はほんとうにありがたいのですが、ココナッツオイルは香りが強いので、野菜やほかの素材の味に勝ってしまうと思うのです。もっとも、オリーブオイルやしょうがも風味としては強いものですから、いずれココナッツオイルを使った商品も考えるかもしれませんが。

そんなことを繰り返しながら、年間150から200は新しい商品を世に出しています。

## 目指すは200億企業

「2020年(平成32年度)までに連結売上高200億円」

これは昨年、34回目の創立記念日に打ち上げた目標です。

昨年度(平成26年度)の売上高は96億円ですから、じつに2倍以上の数字。前年比500パーセントの成長率だったバブルの時代ならともかく、いまの時代、これまでどおりの方法論では厳しいのはわかっています。

けれども、やり方次第では決して無理な数字だとも思っていません。

30周年から仕掛けてきた首都圏でのシェア拡大戦略ですが、さらに勢いをつけるため、今後は営業本部を東京へ移すことを考えています。本社は福岡のままですが、首都圏での営業強化を足掛かりに、全国展開の拡大を図ります。

さらに古賀第一工場と古賀第二工場の増築と設備リニューアルも早急に進めています。老朽化してきた設備を再整備したうえで、ドレッシングの生産能力を2倍に引き上げるため、製造ラインを増やす。さらに製造コストを下げたドレッシングボトル用の新型設備も導入し、２０１６年には稼働を予定しています。

また、２０１１年から北米の大手高級スーパーを中心にドレッシングを販売しているのですが、こちらの商品だけはじつはサンフランシスコにある業者に生産委託していました。こちらも生産を古賀工場に戻す予定です。

工場が手狭になったことと、流通経路の関係から外部委託したものの、やはり海外他社工場では、国内と同じクオリティを保つことは難しかったというのが実情です。現地スタッフもただマニュアル通りに動けばいいという判断ですし、ひどい例では、ドレッシングのラベルをさかさまに巻いたまま出荷しそうになったことも……。

今後は東海岸への進出も考えています。その前にまず、あらためて日本の自社工場でクオリティの高い商品を製造・輸出して、アメリカでのピエトロブランドを確立する。

海外での「MADE IN JAPAN」への信頼度は、まだまだ高いです。日本製であるということでまずクオリティを評価してもらえますし、自社で品質管理をしたものであれば、多少価格が高くとも受け入れられる自信はあります。

僭越ながらもジャパン・ブランドの一員として、さらに世界へ食文化を広めていくつもりです。

また以前から考えているように、志を同じくする組織と提携し事業を継承することも、ひとつの可能性でしょう。

そのあとのことはみんなに託すにしても、売上200億。そこまで持っていくことが、私の役割だと思っています。

## パスタの縁で、ミラノ個展を開催

プライベートでは、やはり陶芸に一番時間を割いています。

じつは昨年2014年の秋、ひょんなことからミラノでの個展を開くことになりました。

現在、ピエトロのスパゲティ麺をつくってくれているイタリアのコルッシ社社長に黒白練り込みのコーヒーカップをプレゼントしたところ、とても気に入ってくれて「ぜひイタリアでも紹介したい」と提案してくれたんですね。

このコルッシ社長は国籍も年齢も違うのに、ときどき「血がつながっているのではないか」と思うほど気の合う人間です。

はじめて会ったのは15年ほど前でしょうか。まだ薬院にあった本社に挨拶に来られたのですが、時差ボケなのか、応接ソファに座って、どうも半分寝ているように見える。イタリアの大社長がやってくるというのでさぞパリっとスーツを着こなした紳士だろうと思っていたのに、拍子抜けしてしまったのが第一印象でした。

ところがつきあいをはじめるとすぐに、じつに陽気で前向きで、人生を楽しむこと、人を喜ばせることに全力をかけていることがすぐにわかりました。「仕事も遊びも一生懸命」を座右の銘とする私からしても、「なかなかやるな」と思わせる男です。

毎年、その年に収穫したイタリア国産のデュラム小麦のセモリナ粉で麺をつくってもらい、その試食と打ち合わせのために私がイタリアへ航《わた》ります。初日にすべてのビジネスを集中して終わらせて、あとは彼やその仲間たちと島へ観光に行ったり、パーティーを楽しんだり。

彼の結婚式に招かれたときは、郊外の城を借りきって三日三晩の大宴会でした。夜中の3時ころに打ち上げ花火があがったときは、感激して泣いている美しい奥さんを見ながら、いったいこの涙にいくらかけたのだろうと、妙なことにも感心してしまいました。

そんな「面白がり」のイタリアの友人がやたらと勧めてくれるものですから、ほんとうにミラノで個展「KUNIHIKO MURATA WORKS 2014 in Milano -l'arte in tavola-」を開くことにな

ミラノ個展の様子。イタリア料理界の重鎮・グアルティエーロ・マルケージ氏と。

ったのです。

期間は2014年10月23日から30日までの一週間。これまでの個展と同様に、陶芸をメインに書画の展示販売をしました。

拙い作品ではありますが熱意を買っていただけたのでしょうか、日本から搬入し展示販売した380点のうち、300点が売れたんです。収益は日本とイタリアの文化的交流の一助になれば幸いと、イタリア随一の日伊文化協会ASSOCIAZIONE CULTURALE GIAPPONE IN ITARIAへ寄付しました。

社員や友人たちも応援に駆けつけてくれ、思いもかけない楽しい場を経験させていただいて、とても印象深いミラノ滞在となりました。日本から来てくれた友人たちには「次はいつだ」とせっつかれているのですが、いまのところは予定はありません。

と言いつつも「今度はクレジットカードを使えるようにしたらもっと売れるかな」と考えたり、海外で評判のよかった作品や好まれた色合いを意識しながら作品をつくったりすることも。ピエトロの船長を誰かに任せたら、本格的にそちらにエネルギーを注ぐのも悪くはないかもしれませんね。

## 創業35周年記念事業「野菜嫌いをナオソ。」

そして今年2015年12月9日に、ピエトロは創業35周年を迎えます。その記念事業として、まず3月7日に、JR博多駅前広場で「野菜嫌いをナオソ。」をテーマにした1日がかりのイベントを開催しました。

会場には高さ3・5メートルのサラダタワーを設置。トラックを改造した特製ピエトロキッチンカーの中で私がドレッシングを手づくりして、ご来場者1000名に、35グラムずつできたてのドレッシングをかけたサラダを食べていただき、「35キログラムの野菜を食べつくそう！」という企画でした。

実行委員の社員から提案があったときは「1000人も集まるかねえ……」と心配だったのですが、35周年イベントに関してはすべての采配を実行委員会に任せています。結果がどうあれ、彼らがやるというなら口出しするまいと許可を出すことに。

ピエトロキッチンカー

蓋を開けてみれば、当日昼過ぎには目標の1000人をゆうに超え、夕方16時の時点では、なんと約4000人のご来場者が。サラダもドレッシングも足りませんから慌てて近隣の店舗にヘルプを頼み、ドレッシングの材料やサラダを追加することに。

ほかにも、餅つき大会や、ドレッシングボトル形の特製ピンを倒すボウリング（倒した本数に合わせてドレッシングをプレゼント）、同じく出た目によってプレゼントがあたるサイコロゲーム、ピエトロの様々な商品の試食&販売会、親子で料理を楽しむ教室「ピエトロクッキング」などの参加型イベント、夕方からはピエトロのCMソングを歌っているシンガーソングライターMyeさんのスペシャルコンサートを実施。

JR博多駅前ということで、「なにかやっているぞ」と立ち寄ってくださった方も多いと思います。それでも4000人以上の方がピエトロのイベントに参加してくださったという事実に、社員一同、たいへんな勇気をもらいました。

その後「ピエトロキッチンカー」は、「野菜嫌いをナオソ。」をテーマにした食育活動で福岡・大阪・名古屋・東京をまわりました。

この食育活動も35周年記念事業の一環です。35の幼稚園と保育園、さらにスーパー、ショッピングセンターに協力していただき、子どもたちと一緒に料理をしたり、野菜をおいしく食べてもらうためのイベントを開催。これまで約10年にわたって続けてきた食育活動の拡大版ともいえるかもしれません。子どもたちの笑顔を見守りながら、「ピエトロキッチンカー」は、2015年12月9日の創立記念日に、福岡に凱旋することになっています。

また「ヤサイの日」である8月31日には、東京・有楽町駅前広場でも創業35周年記念イベントを行いました。新作CMの発表会も兼ねていたため、アンバサダーとしてCMに出演中の佐々木希さんをゲストに迎えたトークショーを開催。私は新作CM「35周年記念」篇と同様にコック姿でドレッシングを手づくりし、できたてのドレッシングをかけたサラダを佐々木さんに食べていただいたんですよ。

暑い時期のイベントであることを踏まえ、一般のお客様には野菜のフローズンヨーグルト4種を配布し召し上がっていただきました。またピエトロ35年の軌跡を展示して、そのなかに隠されたヒントをもとにクイズに答えていただくとプレゼントがあたるコーナーなどもご用意し、イベントは大いに盛り上がりました。

なお、これら創業35周年記念イベントに合わせて、マスコットキャラクターの「どれピー」が登場しました。ピエトロレストランには「ピエトロおじさん」という創業時からのマスコットキャラクターがいるのですが、東京はじめ全国ではドレッシングのほうが知名度があるということで、新たに誕生した「ドレッシングの妖精」という設定のキャラクターです。なかなかかわいいやつです。

こういったアイディアも、村田塾生や創業35周年事業の実行委員に任命した社員を筆頭に、若い社員からの意見がかたちになったものです。

少しずつ、私のピエトロが、みんなのピエトロになっているなと感じています。

## 恩は送っていくもの

もう20年以上前の話ですが、中国へ旅行に行った際、書を書いてもらったときに「功徳無量」という言葉に出会いました。

「功徳無量」とは、「いまの自分の幸運は決して自分ひとりの力ではなく、かつてご先祖様が積んだ徳によってご利益がもたらされているものだ」という考え方だと、そのときに聞きました。「だから先祖に感謝を忘れないように」という意味であり、また「自分が自分が、と、のぼせ上がるな」と言われているようにも感じました。以来長いこと、私はこの言葉を毎年、新しい手帳の1ページ目に書いて、ときおり眺めるようにしていました。

実際に私は、とても運が良いと思っています。

ドレッシングのようなヒット商品に恵まれたことも、バブル崩壊直前に能古島開発を中断したことも、運が良かったとしか言いようがない。日常的なところでは「晴れ男」ですので、ゴルフ仲間には重宝されます。ピエトロの社員にも、「社長、屋外イベントがあるときにはよろしくお願いしますね」と言われるほど。

これはご先祖様か、父親か、あるいは昨年13回忌を迎えた母親かわかりませんが、きっと守ってくれとるんやろうなあと、日々、素直に感謝しています。

また、人との出会いにもとても恵まれてきました。

ピエトロ創業時に、多くの先輩や仲間に助けられたのはここまでにも書いたとおりですし、ここまでに名前が登場せずとも、ほんとうにたくさんの方々に助けられてきました。

たとえば、西日本鉄道の元社長・相談役であった故・大屋麗之助さん。

10年ほど前のこと、ある日突然、古賀ゴルフ・クラブの前理事長だった大屋さんから電話がかかってきました。「あなたを古賀の理事に推薦するから、やりなさい」と。

福岡には「七社会」と呼ばれる大手企業7社があり、地元のゴルフクラブの理事といった重要なポジションは、この「七社会」から選任される通例がありました。特に古賀ゴルフ・クラブは大正15年に始まったゴルフ場を前身とし、プロをもうならせる複雑で厳しいコースを持つ、全国的に有名なゴルフクラブです。こう言ってはなんですが、企業の規模としてピエトロなど入る隙はありませんし、ゴルフはちょっとうまいと思っていた自分でも、さすがに古賀の理事になれるともなりたいとも思ったことがありませんでした。

ところが大屋さんは、特別な接点があったわけでも、個人的に親しくしていたわけでもないのに、なぜかスパゲティ屋・ドレッシング屋のオヤジである私を推薦してくれた。

さすがに驚いてしまって、とっさにカッコつけることも忘れ、「そんな、私でいいんでしょうか」と言ってしまいました。そうしたら「おれがいいと思ったから、いいんだよ」と言われたので、それ以上は聞く必要がありません。「ありがとうございます」とお受けして、現在キャプテンというポジションを務めさせていただいています。

志がある者であれば誰でも、なんとか上に登ろうと努力するでしょう。それこそ、寝食を忘れてでも。それでも、ひとりの力ではやはり限度がある。みんなが手を伸ばしているなか、上にいる先輩にひっぱりあげられて、居場所やポジションができるのです。

これは、ビジネスでもプライベートでも、どんなジャンルの人間関係であっても、同じではないでしょうか。

とはいっても、感謝の気持ちを過剰に表すことがいいとも思っていません。当然、季節の挨拶は欠かしませんし、礼儀は尽くしますが、ゴマをすったり上げ膳据え膳するようなつきあいはしていないつもりです。それは、何度も名前の出てきた行徳社長、アニキ分として面倒を見続けてくれた三広の向井さん、ヒサシホラヤの洞さんでも同じです。

お世話になったことへの感謝は決して忘れませんが、いまは、受けた恩を下の世代へ送っていく立場になっていると思うからです。

たとえば10年ほど前から、福岡市長からの依頼で、「福岡市創業者応援団」という公的な創業支援団体の会長を務めるようになりました。創業したい若者たちが、事業内容を発表するなかから、コンテスト形式で最優秀賞と優秀賞を選抜するんですね。

自分がピエトロを創業したときと比較したら、恵まれているなあと羨ましく思うこともあります。でも時代が違うのですから、自分と同じ苦労をする必要はない。

最初は表彰するだけという話だったのですが、そこは起業の先輩として「商売人は紙切れもらっても嬉しくないですよ」と食い下がり、賞金を授与することになったんですよ。

## 誇りを持って働ける企業であってほしい

ひたすら、泥船を木船に、木船が鉄船になるようにとやってきました。

味に関して、デザインに関して、店舗に関して、自分のなかの合格ラインを絶対に妥協しないように。その繰り返しで少しずつ店舗が増え、ドレッシングの生産量が増え、気がつけば35年がたっていた……というのが実感です。

先日は、内装を手がけてくれた野田が、創業時ピエトロのカウンターで絵本を読んでいた当時2歳だった長男と、その子どもであるお孫さんと、3人で東京のピエトロ店舗で食事をしたと連絡をくれました。

コーヒーを運んで無料券を渡され悔し泣きしてくれたアルバイトの女の子も、すでに3人の息子さんを社会人に育て上げた頼もしいお母さんです。

ほかにも、いまだに年賀状や、たまの便りを送ってくれるアルバイトの子がいます。もう「子」という年齢ではなく、みんな、いい年をした立派なおとなになっていますね。

そうしてふりかえると、時間がたったことがよくわかります。

自分なりにがんばってきたし、おかげで売上もあがってきた。けれど、ここにきて、もう自分だけの力でどうにかできるものではないとも思うのです。

以前、ハワイでカジキ釣りに夢中になったことがあります。大きいカジキになると、30、40分格闘しないと釣り上げることができません。さらに100キロ以上の大物になると、かかった瞬間に「これはひとりでは釣りきれんな」とわかるのですね。

ひとりで釣り上げなければ記録には残らないので、「これはいかん」と思ったらすぐに「誰か代わらないか」と声をかけます。代わりの人が釣り上げたら、その人の記録になりますから。でも誰も声をあげないので、結局記録は捨て、3人がかりで手伝ってもらって釣り上げたこともありました。

その感覚に、いま少し近い気がするのです。

個人として半生をふりかえると、いろいろな方の力を借りて、実力以上に引き立ててもらって、100点満点のうち120点くらいつけてもいいんじゃないかと思っています。野球でいえば、3割は打ててきたんじゃないかなと思うんですね。

ここでさらに欲張って200点にしようと思ったら、あるいはホームランを30本打とうと思ったら、きっと余計な力が入ってしまい、これまでできていたことにも、ひずみが生じてしまうのではという気がします。

「はじまりは一軒のレストラン」ですが、私が退陣して20年・30年たっても、ピエトロはどんな会社？　と聞かれた時に、レストラン経営はもちろんですが「ドレッシングのピエトロ」と誰もが即座に答えていただけるような会社、愛され続ける会社であってほしい。

願わくば、食文化をつくるという大きな目標は持ち続けてほしい。

そして、ピエトロで働く人たちが、誇りを持って働ける企業であってほしい。

軽量鉄骨の建物の2階にある、一軒のレストランから始まった物語を、どうか誇りを持って継続していってくれたらいい。

それは創業者としての、切なる願いです。

そのベースを築くためにはまだもう少しがんばらなければと、健康管理に余念のない74歳のきょうこのごろ。

社長室の片隅に酸素カプセルを置こうかどうか、現在秘書と相談中です。

# epilogo　仕事も遊びも一生懸命

私はきっと楽天家なのでしょう。

ここまでの半生をふりかえり、もっとつらいことや嫌なこともあったと思うのですが、思い返すのは不思議と面白かった思い出ばかり。

それはどんなに仕事が忙しいときでも、遊ぶことを制限しなかったからかもしれません。

本文中でも少しお話ししましたが、私には9つの趣味があります。

まずゴルフ。これはもう、徹夜でドレッシングをつくっていた時期でも中断しませんでした。朝早くからハーフラウンドだけさっとまわって店に戻ったこともありますし、1987年からは「G（Gentleman）クラブ」という懇親コンペを年に3回、主催しています。よく考えたら、まだ創業10周年を迎える前、ドレッシング工場ができる前ですね。かなり忙しかったように思うのですが、私のことだから「それとこれは別」だったのでしょう。とにかく睡眠時間を削ってでもやっていました。

そして自動車。18歳のときに父との駆け引きで日産グロリアを購入して以来、いまでも自動車が好きです。父親の葬儀の場で「これで外車を買っても『分不相応！』と小言を言われずに済む……」と親不孝な想像をしたことは内緒です。

いま所有している自動車は計8台。ベンツ3台に、アストンマーチン、ポルシェワンボックス、フェラーリ、ハマー、ランボルギーニです。通勤はベンツかアストンマーチン。スポーツタイプは週末専用ですね。昔はドライブにも行きましたが、最近ではゴルフ場へ行くくらいです。あとは洋服のように、そのときの気分で使い分けます。好きなクルマを運転していると、ほんとうに楽しく、気持ちがよく、ちょっとくらい腹立たしいことがあってもどうでもよくなってしまいます。

いま一番時間を割いているのが、本文中でもお話しした陶芸です。毎日、土をこねていますよ。思いついたときにギャラリーや展覧会を覗いては、いいなと思う若い作家の作品を買って、交流するようにもなりました。

絵画と書も定期的に続けています。ずっとピエトロにサラダ油を卸してくれている株式会社鳴海屋の元社長の北島幸二郎さんと、絵画と書をそれぞれ月に2回ずつ、きちんと時間をつくってやっています。

油絵はじつは、ピエトロのオリジナルワインのラベルにもしています。

私は映画の『ゴッドファーザー』が好きで、シチリア島コルレオーネ村に行き、舞台となった屋敷を見学させてもらったことがあります。映画の雰囲気を感じながら町を歩いていたら、ある一角で、地元のおじいさんたちが集まって、ひなたぼっこをしながらのんびりおしゃべりしていたんですね。私も少し話に混ぜてもらったことが、とても印象的で。このときの風景を油絵で描いたものがピエトロ・モンテプルチアーノ・ダブルッツオ（赤）のラベルになっています。つまりこのなかのひとりは私自身ということになります。ぜひ探してみてください。

ピエトロ・オルヴィエート・クラシコ（白）のラベルは、とくに具体的なモチーフがあったわけではありませんが、「このワインを飲むシーン」を想像したときに湧き上がってきたイメージを図柄にしました。

最近は北島さんが書に夢中になっているので、絵画は社内の秘密のスペースで、空いた時間を使って描くこともあります。私はシャイなので外で写生したりしないものですから、だんだん描くモチーフがなくなってきて、近ごろは抽象画の割合が増えてきました。

いずれは書を本格的にやってみたい気持ちもあるのですが、書にはすべてがさらけだされてしまうような怖さがありますね。いまは好きな言葉や詩、想いを自由に書いています。ミラノで個展を開催したときは、アルデンテを当て字で「有電天」と書くような遊びもしました。

そして音楽。楽器はサックス、ピアノ、ドラムをやっています。サックスは創業18周年記念パーティーの際に「バンドに乱入して社員を驚かせよう」とこっそり秘密特訓をしたのがはじまりです。じつはいまも社員有志と、ピエトロ社内バンドを組んでいます。

演奏で最近楽しいのは、3年ほど前にはじめたドラムですね。今年のゴールデンウィークに『セッション』という映画を観に行ったのですが、主人公がドラマーなので、とても面白く共感する部分がありました。

それから、カラオケに、農作業に、ファッションに、料理に、ときにはお酒も……おや、9つを超えてしまいました。

私にとって趣味は、基本、ストレス解消です。ときどき「村田さんは忙しすぎる、温泉にでも行ってからだを休めないと」と言われるのですが、とんでもない。きっと温泉につかってぽーっとしたら、かえって落ち込んでしまうタイプです。

それよりは、すべてを忘れて夢中になれる趣味に1、2時間ほど没頭して、パッと頭を切り替えるほうがずっとすっきりする。たくさん趣味があるのは、「今日はこれですっきりしょう！」と選ぶときのバラエティがほしいからだと思います。欲張りなんでしょうね。

＋＋＋

そしてこれは結果論ではあるのですが、こうして趣味に没頭してきたことが、仕事にも役に立ったのではないかと思っています。

というのも、私は運にも恵まれていましたが、勘どころも間違わなかったなあと思うのですね。

たとえばピエトロをはじめたとき、女性客をメインに考え、野菜を中心にヘルシー志向のメニューを前提に展開しました。

これはちょうどバブル景気の前夜であり、女性が時代をリードしはじめた時期、そして食のヘルシーブームの盛り上がりや、やがて来るイタリアンブームの波にも合致していました。どんなに優れたものでも、需要がなければ売れない。それは商売の基本です。

これはゴルフでも、じつは同じです。追い風があれば最小限の力でもボールは飛ぶ。逆風が吹いているときに力一杯飛ばそうとしたら、飛ばないどころか、とんでもない方向に行ってしまうこともあります。

また商売は、「引き際」のたいせつさもあります。

たくさんの趣味がありますが、なかにはやってみてやめたものもいくつもあります。楽器でいえばトロンボーンですね。どうも上達しないし、やっていて楽しくない。

私は負けず嫌いなので上達への努力は惜しまないタイプですが、楽しくないもの、見込みがないと判断したらさっさとやめます。自分と相性のいい、向いていることだから迷わずに全力を注げるのです。

ピエトロでフランチャイズをはじめたばかりのころ、人間的には良い方だったのですが、努力の方向性がずれてしまっている個人オーナーがいました。はっきり言ってしまうと、経営に向いていない方だった。「どうしても」と言うのでピエトロの看板を預けたもののうまくいかず、私も何度か「ここでやめておけば、借金も少額で済むから」と説得したのですが「まだ続けます、やめません」と頑なになっている。

やる気があるのはいいのですが、フランチャイズの契約ですから、売上がなくても契約金やロイヤリティがかかります。そして、マイナスになってしまった店をプラスにするのは、ゼロからプラスにするよりはるかに労力がかかる。

「どうしても飲食店を続けたいのであれば止めません。ただ傷の浅いうちにピエトロをやめて、独立して『ピッコロ』とでも名前を変えてリニューアルしたほうがいいです」

そう何度もアドバイスをしたのですが、意地になってしまったのか結局ずるずる続けて、そのオーナーは最後、どうしようもなくなって閉店することになってしまいました。

私も何度も失敗していますから、引くに引けぬその気持ちはわかります。

ただ、あるときから、引き際を間違えなくなりました。それは商売で何度も転んで、趣味や遊びでも痛い目を見て、だからこそピエトロでは、ここぞという判断や、風向きを読む感覚を間違えずにこられたのだと思います。

＋＋＋

昨今はビジネスシーンでワークライフバランスという言葉をよく聞くようになりました。いまの若い人たちは、私たちの世代よりもきちんとプライベートを充実させているように思います。

それでも、まだまだ日本では、商いに明るさが足りないと思うのです。ハードに仕事に熱中して、プライベートを犠牲にしているか。あるいは、プライベートを大事にしているぶん、ビジネスもそこそこに、とりあえず会社に行ってお金をもらえればそれでいい……というように、両極化しているような気がします。

そうではなく、仕事も遊びも一生懸命、全力投球。稼ぐときは稼いで、遊ぶときは全力で遊ぶ。どんなに忙しくても、おしゃれを楽しむ余裕は捨てず、稼いだお金はしっかり使う。

自分の好きなことや、好きな人たちのために。

そんな働き方をする仲間が増えたらいいなと思いながら、筆をおくことにしましょう。

なお、本書の出版はコピーライター・クリエイティブディレクターである仲畑貴志さんのご提案から実現しました。毎日新聞出版の永上敬編集長、制作に協力してくれた藤崎美穂さん、そして一緒にピエトロ号に乗っているスタッフのみんな。関わってくださったすべての方々に、この場を借りてあらためてお礼を申し上げます。

ここまで読んでくださった読者のあなたにも、心からの感謝を。

ありがとうございました。

2015年12月9日
村田邦彦

仕事も遊びも
一生懸命

**村田邦彦**（むらた・くにひこ）
株式会社ピエトロ創業者・現社長。
1941（昭和16）年、福岡市生まれ。
1964（昭和39）年、福岡大学商学部卒業。
1980（昭和55）年、福岡市天神で「洋麺屋ピエトロ」創業。
1985（昭和60）年、株式会社ピエトロ設立。
福岡発のブランドを全国ブランドに育て上げる。
信条は「仕事も遊びも一生懸命」。
趣味はゴルフ、陶芸、書、絵画、サックス演奏、ドラム演奏。
一般社団法人福岡県中小企業経営協会監事、
福岡市創業者応援団評議会委員会長
古賀ゴルフ・クラブキャプテンなども務める。

# はじまりは一軒《いっけん》のレストラン

## ピエトロ成功物語《せいこうものがたり》

---

印　刷　2015年12月1日
発　行　2015年12月15日
著　者　村田邦彦《むらたくにひこ》
発行所　毎日新聞出版
〒102－0074
東京都千代田区九段南1－6－17　千代田会館5階
営業本部　03－6265－6941
図書第一編集部　03－6265－6745
印　刷　精文堂
製　本　大口製本

ISBN978-4-620-32347-3